Gudrun Weerasinghe

Mit Tieren kommunizieren

W0094871

Gudrun Weerasinghe

Mit Tieren kommunizieren

Geschichte einer
besonderen Begegnung

//////////////////////// SILBERSCHNUR ////////////////////////

© Verlag »Die Silberschnur« GmbH

ISBN 3-931 652-87-4

1. Auflage 2001 (Die Botschaft meines Hundes)
2. Auflage 2003
3. Auflage 2005

Covergestaltung: XPresentation, Boppard
Druck: Finidr, s.r.o. Cesky Tesin

Verlag »Die Silberschnur« GmbH · Steinstraße 1 · D-56593 Güllesheim

www.silberschnur.de
e-mail: info@silberschnur.de

Inhaltsverzeichnis

Teil II

Teil III

Teil IV

Vorwort

Ich durfte zeit meines Lebens mit einer großen Anzahl unterschiedlicher Tierarten leben und werde wahrscheinlich aufgrund der Größe, Reinheit und Liebenswürdigkeit der Tierseelen nie davon lassen, weiterhin mit diesen edlen Kreaturen mein Leben dankbar zu verbringen. Aus diesem Grunde ist mir natürlich bewusst, dass jedes Tier gleich welcher Art und Rasse über einen ihm eigenen Charakter und eine ihm eigene Persönlichkeit verfügt. So wie die spirituelle Entwicklung bei uns Menschen völlig unterschiedlich verläuft, so differiert sie selbstverständlich auch bei den Tieren, die wie jedes andere Wesen dieses Planeten nach spiritueller Vervollkommnung streben, viele – wie die meisten Menschen – mehr unbewusst als bewusst. Das Tier entstammt dem gleichen geistigen Urquell wie der Mensch und erwartet nichts sehnlicher, als mit dem Menschen in Harmonie und Liebe dorthin zurückzugelangen.

Wir leben in einer vom ständigen Wandel gekennzeichneten Welt, in der die sensiblen, intelligenten, dienenden und weisen Tiere grausamst ausgebeutet werden, in der sowohl moralische Werte dem Menschen abhanden kamen, als auch das Bewusstsein, sich gemeinsam mit dem Mineral, der Pflanze und dem Tier als Teil der großen Schöpfung zu betrachten, die mit dem Schöpfer eine untrennbare Einheit bildet.

Dieses Büchlein will zum harmonischen Miteinander zwischen Menschen und Tieren beitragen, zur Kommunikation zwischen beiden auffordern und den Menschen sowohl zum besseren Verständnis der Psyche und besonders der spirituellen Entwicklung des Tieres als auch zur Förderung derselben bewegen.

Es wurde in einem Zeitraum von acht Jahren geschrieben, in denen die Hauptperson, die namentlich nicht genannt werden möchte, weil sie sich als stellvertretend für viele andere Tiere betrachtet, mir zeitweise tiefe Einblicke in ihr Herz und in ihre Seele ermöglichte.

Diese Hauptperson ist ein Hund, mein Gefährte, mein „Lebensgefährte", so wie ich grundsätzlich alle meine Tiere als Lebensgefährten betrachte. Zwischen uns beiden besteht ein sehr enges mentales, geistig-spirituelles Band, sodass ich beinahe immer seine Gedanken und Empfindungen kenne. Ich habe sie schriftlich festgehalten und möchte sie nachfolgend wiedergeben.

Teil I

(niedergeschrieben in den Jahren zwischen 1992 und 1996)

Einleitung

Ich möchte hier gern einige vergangene und gegenwärtige, irdische und auch spirituelle Ereignisse meines Lebens schildern. Wie alle Tiere, so bin auch ich teilweise hellsehend, hellfühlend und hellhörend, was sich manchmal als Gnade, zuweilen aber auch als Fluch erweist.

Wir alle sehen und riechen die Angst, die Wut und die Liebe eines Menschen. Plant er etwas Schlechtes mit uns, so wissen wir es schon lange vorab, was die Sache doppelt schlimm gestaltet. Plant er eine Reise, so werden viele meiner Artgenossen schon einige Tage vorher nervös und legen sich auf die Koffer oder vor die Tür, um nur ja nicht vergessen zu werden.

Hat er vor, uns etwas Schmackhaftes, Essbares zu verabreichen, so erwachen wir sogar oft aus dem Schlaf, um zum Fressnapf zu laufen, obwohl der Mensch noch seinen Gedanken und Planungen nachhängend auf der Couch sitzt.

Menschen, die wir auf Spaziergängen treffen, die an ihrer Aura negative, dunkle und klebende Entitäten aufweisen, erschrecken uns so sehr, dass wir sie unvermittelt anbellen.

Naturkatastrophen ahnen wir bekannterweise Tage im Voraus.

Vergangenheit

Meine Mutter, die Personifikation der Güte

Meine Seele inkarnierte sich gemäß meinem vor vielen Leben entstandenen Schicksal. Ich wurde als Sohn einer ständig angeketteten Hündin, bei der man es nicht einmal für nötig hielt, ihr einen Namen zu geben, als eines von sieben Kindern geboren. Als einziges wurde ich am Leben gelassen, weil der alte Grieche, der meine arme Mutter so schändlich behandelte, ein Spielzeug für seine kleine Tochter brauchte. So fungierte ich also als solches, wurde ab und an liebkost, bekam wenigstens – im Gegensatz zu meiner Mutter – regelmäßig etwas zu essen, aber fast nie Schlaf. Ich wurde am Schwanz und an den Ohren gezogen, von unsachten Kindern hin und her geschleudert, bis ich dachte, mir zerbrechen die Knochen. Als ich voller Beulen, Blutergüsse und mit den Nerven am Ende war, allerdings auch größer und stärker, wurde ich als Spielzeug nicht mehr gelitten, zumal ich anfing, mich mit aller Kraft gegen die Quälereien zur Wehr zu setzen. Und Kraft besaß ich! Meine arme Mutter war inzwischen wieder trächtig, sodass das nächste bedauernswerte Spielzeug geboren werden würde.

Ich machte diesen Menschen allerdings einen Strich durch die Rechnung, indem ich das kurze Seil meiner Mutter unbemerkt entzwei biss. Teils geschah dies aus meiner jugendlichen Unbekümmertheit, aus einem Spieltrieb heraus, teils lenkte mich wahrscheinlich

13

der Schutzengel meiner Mutter, die selber aufgrund der Fehlernährung und der Fußtritte gegen ihr Maul keine Zähne mehr besaß.

Nun, Mama und ich rannten, was wir konnten. Die Kinder des Alten schrien, der Kerl fluchte, nahm seine Flinte und schoss. An mir sauste die Kugel vorbei, während er meine Mutter zweimal traf. Sie fiel zu Boden, Blut entströmte ihrer Kehle, ihre weichen, warmen, liebevollen, braunen Augen waren leblos, weit aufgerissen. So blieb sie starr liegen. Heute weiß ich, dass ihr grausames Schicksal endete und sie Erlösung fand. Damals allerdings lief ich zu ihr und glaubte, sie durch mein Lecken ihrer weichen Schnauze wieder gesund zu machen. Ich wälzte mich in ihrer zart rosafarbenen, Liebe sprühenden Aura, mit der ich sie ein Leben lang kannte. Aber ihr flauschig behaarter, noch immer warmer Körper erhob sich nicht mehr. Stattdessen nahm ich – allerdings in meiner Verzweiflung undeutlich – etwas Helles, Wärme und Güte Ausstrahlendes wahr, das mit ihrem rosa Schein zu verschmelzen schien und sich langsam damit gen Himmel erhob.

Erst als die Monsterkinder des Alten grölend auf mich zu rannten, lief ich erschrocken davon, so weit mich meine Beine trugen.

Nie hätte ich gedacht, dass die Welt so groß ist. Noch nie hatte ich mich so weit von dem Haus des Alten entfernt. Zurück wollte ich auf keinen Fall. Vielleicht hätte ich den Weg auch nicht wieder gefunden. Jedenfalls rannte ich in Panik immer weiter.

Als ich Durst bekam, trank ich altes Putzwasser, das eine Frau gerade auf einer Straße entleerte. Verdammt, war das ein Trank! Mir wurde speiübel. Meine Mutter fiel mir wieder ein. Ich jaulte traurig. Aber dort, wo ich mich gerade befand, mitten im ärgsten Gewühl einer Stadt, konnte ich nicht bleiben und in Ruhe ihrer gedenken. Also lief ich weiter, immer weiter ohne Ziel. Völlig ermattet, restlos verwirrt von den traurigen Geschehnissen, den fremden starken Gerüchen, der mir bisher unbekannten Lautstärke von hupenden Autos und den vielen Menschen, blieb ich schließlich verzweifelt auf einem Bordstein liegen, schlief irgendwann ein und erwachte erst, nachdem mir ein wunderbarer Duft von etwas Essbarem in die Nase stieg. Ich hatte solchen Hunger! Der Geruch entströmte alten Müllbergen, wie sie auf Kreta nur so wimmeln. Leider fanden sich schnell andere vierbeinige Gesellen, die sich über das Essen hermachten und mich zu verbeißen suchten.

Kurz und gut, dank meiner enormen Kraft entwickelte ich mich schnell zum abgemagerten Boss einer geschundenen, von Menschen gesteinigten, getretenen Hundemannschaft, ständig auf der Suche nach Futter, nach Wasser, weil wir hungerten, hungerten und nochmals hungerten und dürsteten. Einige von uns humpelten auf drei Beinen durchs Leben, mit abgeschnittenen Schwänzen, Ohren oder ausgestochenen Augen. Zu Letzterem wurden Kinder von ihren griechischen Müttern, wie es sie auf den Straßen Kretas leider viele gab, unter Zurufen und Händeklatschen angefeuert, um nur eines von vielen grausamen Beispielen dieser Art zu nennen.

Ich jedoch war so flink und stark, dass ich diesen Monstern regelmäßig entwischte. Außerdem war ich intelligent und intuitiv genug, sodass ich mich nicht von den Schändern durch Locken mit Nahrungsmitteln oder von Drahtschlingen einfangen ließ. Schon an deren stacheliger, meist braun-, ockergelb- oder grauschmieriger Aura mit rötlichen Einschlüssen sieht man, welch unseriöse Praktiken und unlautere Absichten diese Menschen verfolgen. Aus dem Stand sprang ich über hohe Stachelzäune, mannshohe Mauern, rannte wie der Wind und entwickelte mich zu einem echten Überlebenskünstler. Außerdem hatte mir meine liebe Mutter seit allerfrühester Kindheit beigebracht, vor welchen Menschen ich mich besonders in Acht zu nehmen hatte.

Denn jedes Mal, wenn der Alte mit übelstinkender, gezackter Aura erschienen war, jaulte sie und versuchte, trotz der kurzen Kette, mich schützend unter sich zu schieben. Andere Typen mit brauner, grauer, klebriger und meist stinkender Ausstrahlung wirkten ebenso auf sie. Ganz gefährlich wurde es, wenn jemand auf unserem Hof eine braun-rote zackige Ausstrahlung um sich herum trug. Dann wurden sämtliche Tiere – Katzen, Hühner, Tauben und natürlich wir Hunde – ordentlich in die Mangel genommen, sofern wir nicht fliehen konnten. Meine Mutter verlor dabei die meisten Zähne. Es bereitete den brutalen Zweibeinern eine immense Freude und Genugtuung, ihren Zorn an uns auszulassen. Deren Kinder lernten schnell, wie sie mit uns zu verfahren hatten, obwohl ich bei Ihnen nicht immer diesen üblen Gestank von Wut, Zerstörung und Grausamkeit roch und auch in deren Aura, besonders in sehr jungen Jahren, klare, weiche Töne wahrnahm und nicht die schmutzigen Farben, die Menschen mit derart egoistischem Gemüt ausströmen. Je älter sie wurden, umso grässlicher gestalteten sich die Farben proportional zu ihrem sich heranbildenden Charakter.

So verlief also meine Jugend. Hunger, Durst, eisige Kälte und Regen im Winter, selten ein schützendes Dach über dem Kopf, noch seltener eine einigermaßen weiche Unterlage zum Schlafen. Ab und zu warf mir ein Mensch einen bereits abgenagten Knochen zu, ein Stück abgezogenes Fell einer Katze, eines Schafes oder einer Ziege. Natürlich aß ich es mit Heißhunger, wobei ich meistens mit anderen Hunden zu teilen hatte. Aber nur die Neuen in meiner Gang versuchten, mir mein Fressen streitig zu machen. Kämpfe, die ich jedes Mal gewann, waren an der Tagesordnung.

🐕 🐕 🐕

Frauen, die Freude meines Lebens

Natürlich gab es auch Freude in meinem Leben. Die Frauen! Es war ein solch fantastisches Vergnügen, ihnen hinterherzulaufen bei diesem Duft, den sie zuweilen ausströmten. Ein Duft ... Mir lief jedes Mal der Speichel aus der Schnauze, wenn ich ein solch betörendes Parfüm schnüffelte. Manchmal stellten sich die Damen ein wenig zickig an, verbissen mich, rannten davon. Aber ich natürlich immer hinterher. Diese Spielchen gefielen mir. Eine willkommene Abwechslung im Einerlei von Hunger und Durst. Und dann! Wenn sie ihre dafür so typische orangene Aura aufwiesen, ihren Schwanz beiseite taten, mit den aufreizenden Hüften wedelten und ich endlich ... Welch eine Wonne, welch ein Genuss! Eine Verzückung, für die es sich lohnte zu leben. Es klang und sang in mir: „Das Leben ist ein Spiel, spiele es! Das Leben ist eine Herausforderung. Nimm sie an! Das Leben ist Liebe. Liebe es!" Und wie ich das Leben in solchen Momenten liebte! Mir vergingen jedes Mal Hören und Sehen ... und dummerweise auch meine Intelligenz und meine so berühmte Intuition.

Und dann geschah es! Es musste ja einmal so kommen. Etwas Fürchterliches passierte ... Du ahnst es, meine Liebste?

Während ich voller Leidenschaft meine Liebeskünste einer hübschen, langhaarigen Mischlingshündin mit koketten Äuglein und noch aufreizenderem Hinterteil unter Beweis stellte, schlang uns beiden ein fettes Weib ein Seil um den Hals. „Da hab' ich euch, ihr verdammtes Hundepack. Schön viel Geld werdet ihr uns einbringen!" Wir mussten unseren Akt beenden, sie riss uns an der Kordel mit sich fort, als wolle sie uns schon jetzt erwürgen. Meine arme Gespielin schrie und jaulte kläglich, was ihr jedoch nur einige Fußtritte einbrachte. Die Frau zerrte uns zu ihrem Haus, band uns in praller, erbarmungsloser

Sonne voneinander getrennt fest und rief ihren Mann, mit dem sie in unserer Gegenwart besprach, was aus uns werden sollte. Natürlich verstehen wir Hunde instinktiv oder telepathisch die Worte der Menschen, gleich welcher Sprache sie sich bedienen.

Erst einmal sollten wir ordentlich gefüttert und getränkt werden ... Eine angenehme Geschichte ...! Wir bekamen also Wasser, zuweilen auch Essensreste der Menschen, die aus Kartoffel- und Zwiebelschalen, abgenagten Knochen und sonstigem Abfall bestanden. Wir aßen alles. Die Zwiebelschalen erbrach meine langhaarige Gespielin regelmäßig. Aber Gott sei Dank bekamen wir relativ sauberes Wasser.

Nachdem sie uns stark und einigermaßen gesund gemästet hatten, brachten sie uns in eine einsame, karge Landschaft, in der unsere grauenvolle Leidenszeit begann, grausamer als alles bisher Erlebte.

Auf Kreta ist es üblich, kräftige, gesunde Tiere, Hunde oder auch Esel und andere Geschöpfe einer Wette auszusetzen, bei der es um viel Geld geht. Die Tiere – immer ein und derselben Gattung – werden in menschenleeren Gegenden angebunden. Keine Stadt, kein Dorf befindet sich in unmittelbarer Nähe. Allerdings führen zuweilen wenig befahrene Straßen durch diese Gebiete. Das Tier, das zuletzt verdurstet oder verhungert, bringt seinem Besitzer am meisten Bares ein.

Natürlich wurden wir ein paar Meter getrennt voneinander festgebunden, damit wir uns, wenn sich der Hunger einstellte, nicht selbst zerfleischten. Gott sei Dank regnete es häufig, sodass wir wenigstens Wasser abbekamen, andererseits herrschte ein eisiger, nasser Wind, vor dem wir uns nicht schützen konnten. Regelmäßig fuhren die Bauern mit ratternden Wagen an uns vorüber, um sich an unserem Verfall zu ergötzen, den Stand ihrer Wetten zu beobachten, und um die Kadaver der bereits Verstorbenen zu entfernen.

Eines Tages, nachdem ich vor Hunger schon recht geschwächt war, sollte ich eine wichtige Bekanntschaft machen. Wieder einmal schienen Frauen die Lichtblicke meines Lebens zu sein. Dieses Mal handelte es sich allerdings um zwei menschliche weibliche Wesen, die – wie viele andere Menschen auch – ihren Urlaub freiwillig in dieser Hölle meiner Geburtsinsel verbrachten.

Das wenigstens waren keine Leute, die, um ihr schlechtes Gewissen zu beruhigen, uns – man stelle sich vor – Cola-Dosen fast ungeöffnet zuwarfen, an denen wir uns in unserer Verzweiflung die Schnauze blutig bissen, um einen Tropfen Flüssigkeit zu erhaschen.

Die beiden fuhren zunächst an uns vorüber, die wir wie wild an den Ketten zerrten und flehend laut bellten: „Helft uns doch. Fahrt nicht weiter. Vergesst uns bitte nicht ... Haltet doch an. Hört uns doch. Warum versteht uns denn keiner?!" Sie kamen nach einiger Zeit tatsächlich wieder an unserer Stelle vorbei, brachten Eimer, Wasserflaschen und Dosenfutter samt Dosenöffnern mit. So etwas war uns bis dahin noch nie passiert. Die meisten Menschen schienen uns nicht verstehen zu wollen. Manche schienen gar dumpfgeistig und ohne Einfühlung zu glauben, dass wir ihnen etwas zuleide täten.

Nun, diese Frauen waren anders. Sie brachten uns herrlich riechendes und wohlschmeckendes Dosenfutter und Wasser. Welch einen ungeahnten Festschmaus sie uns bescherten! Erst tranken wir eimerweise Wasser, dann aßen wir beinahe die Teller begierig mit auf. So ging es von da an jeden Tag. Allmählich nahmen wir an Gewicht zu. Die Härte des Untergrunds, auf dem wir schliefen, der Regen und der Wind waren extrem unangenehm, aber wir bekamen zu essen und zu trinken. Solch ein delikates Mahl hatte noch keiner von uns bisher genossen. Einfach traumhaft! Ich liebte sie, alle beide. Wenn sie uns doch nur von der Kette befreiten! Wir sprangen zwar wie toll an der kurzen Fessel hin und her, schrien kläffend:

„Lasst uns los, lasst uns laufen, rennen ..." Aber sie schienen unser Verzweiflungsgebell nicht hören zu wollen. Stattdessen sprangen sie nervös nach jeder Fütterung sofort wieder in ihr Auto und fuhren rasend schnell weg. Erst später begriff ich, dass sie Angst vor den gefährlichen, schießwütigen Bauern hatten, deren Wette sie durch unsere Fütterung zunichte machten, und verstand auch ihre Befürchtungen, dass wir hätten überfahren oder wieder eingefangen werden können.

🐕 🐕 🐕

Mystische Hände im Spiel

Schließlich, es schien sich um den vorletzten Abreisetag zu handeln, erschienen sie ziemlich aufgeregt mit mehreren Zangen, die sie bald alle verschlissen, bis sie – für meine Begriffe – nach viel zu langer Zeit die Ketten meiner drei Artgenossen durchtrennten, die Hunde hektisch in viel zu kleine Transportbehälter schoben und sich dann endlich mir zuwendeten, um mich von meinen Fesseln zu befreien. War das eine Aufregung! Ich hätte platzen können vor Ungeduld. Mit meiner tiefen Stimme bellte ich sie glücklich und überreizt an und sprang wie von Sinnen an der starken Kette hin und her, hopste an ihnen herum, versuchte, ihnen meine Begeisterung ob ihrer Zuwendung durch das Ablecken ihres Gesichtes kund zu tun, hüpfte im Zickzack, so weit die relativ kurze Kette reichte, und kugelte mich wie verrückt auf dem Felsboden, bis ich eine von ihnen völlig entnervt und schluchzend bemerken hörte: „Das schaffen wir nicht. Diese schwere Kette ist zu dick für unsere Zangen. Wenn der Hund doch endlich stillhielte. Kannst du ihn nicht ein wenig bändigen? Sonst erwische ich immer wieder eine andere Stelle mit der Zange. So bekommen wir die

Kette nie durch", worauf die andere entkräftet entgegnete: „Ich versuche es ja, aber den großen wilden Kerl kann ich beim besten Willen nicht festhalten. Jetzt weiß ich auch, warum er an so einer starken Kette hängt. An einer schwächeren wäre dieses Tier schon längst über alle Berge." Für mich war ihre Anteilnahme an meinem Schicksal so berauschend, dass ich ohne Rücksicht auf Verluste weiter an ihnen herumzerrte, trampelte, laut bellte, mit meiner Schnauze vor Freude ihre Jacken samt T-Shirts erfasste, meinen Kopf wild hin und her schlenkerte und mit meinen rauen Pfoten ihre Gesichter beinahe zerkratzte. „Wir können den armen Kerl doch hier nicht seinem Schicksal überlassen. Was machen wir bloß? Ich kriege die Kette einfach nicht durch", jammerte die eine, während die andere hektisch und aufgeregt sagte: „Wir können nicht mehr lange warten. Die Bauern machen gleich wieder ihre Kontrollfahrt. Lass uns jetzt abhauen, sonst sind wir die anderen drei im Auto auch wieder los!" „Nein, lass es uns bitte noch einmal versuchen", hörte ich die erste weinerlich antworten, während ich noch immer nicht den Ernst meiner Lage begriff und weiter zappelte, was das Zeug hielt – wobei meine im offenen Auto verstauten Freunde kräftig Beifall bellten.

„Ich kann nicht mehr. Es geht nicht. Die letzte Zange ist nun auch beinahe kaputt", hörte ich. Sie ließen von der Kette und mir ab und setzten sich ermattet auf den Steinboden. Dann redeten sie auf einmal mit mir in leiser, ruhiger, langsamer und konzentrierter Tonart: „Halte doch bitte endlich still. Willst du denn hier bleiben? Wir möchten dir doch helfen. Das schaffen wir nur, wenn du dich nicht bewegst. Sei ganz still und ruhig. Wenn du nicht still stehst, fahren wir ohne dich ab." Aha, ich spürte ihre Not, verstand und verhielt mich augenblicklich ganz regungslos und starr. Nur meine Augen bewegte ich vertrauensvoll und flehentlich von einer zur anderen, während sie sich nun weiterhin verkrampft und angestrengt bemühten, die Kette zu durchtrennen. Zwischendurch vernahm ich ihr leises Fluchen und

Stöhnen: „Verdammt noch mal. Es klappt nicht." Obwohl ich völlig ruhig stand, zeichnete sich kein Erfolg ab. Meine übersteigerte Freude und Hoffnung wichen einer traurigen Beklemmung. Was, wenn die Frauen mich nicht mitnähmen? Was würde ich noch alles erdulden müssen? Sie würden mit den anderen fortfahren. Würde ich sie denn je wiedersehen? Nun schien die Zeit des endgültigen Abschieds tatsächlich gekommen, des Lebewohlsagens von den Frauen und deren delikaten Essens.

Jedoch nagte gleichzeitig eine Zuversicht in mir, die ich zeit meines Lebens immer wieder in brenzligen Situationen verspürte. Ich liebte diese Menschen, ich liebte ihr köstliches Essen, ich liebte ihre Fürsorge, und ich liebte ihre Ausstrahlung, besonders an dem Tag, an dem sie sämtliche Zangen zerschlissen. Ihre Aura hatte so etwas besonders Weiches, Warmes, Helles und Glänzendes. Fast vermeinte ich, lichte Gestalten, die ihre Bewegungen leiteten, zu bemerken. Ich wollte zu meinen noch immer bellenden Artgenossen in dieses Fahrzeug. Ich ersehnte es so sehr. Ich wünschte es so stark, beinahe schmerzhaft, dass ich mich bereits im Auto sah. Eine der Frauen murmelte verzweifelt: „Oh, Gott, bitte hilf dem armen Tier. Es möchte doch so gern mit uns kommen. Halte bitte die schießwütigen Bauern noch ein Weilchen von hier fern. Lass uns bitte in Frieden und beschützt die Hunde von hier fortfahren." „Merkst du nicht, dass die Bauern schon seit einiger Zeit von einer höheren Macht aufgehalten werden? Normalerweise wären sie schon zweimal hier durchgefahren. Ihr Verhalten ist ganz ungewöhnlich heute", entgegnete die andere ein wenig hoffnungsvoll. „Ja, das stimmt. Jetzt merke ich das auch. Wunderbar! Wenn das kein gutes Zeichen ist. Hoffentlich bleibt das auch so, bis wir hier fertig sind." Und dann sprach sie liebevoll, beinahe flüsternd, andächtig und bittend: „Oh Gott, du allmächtige, allsehende, allhörende, allliebende Kraft, unsere Zangen versagen! Unsere Kraft ist am Ende! Lass dir etwas einfallen in deiner unermesslichen Güte. Bitte, bitte, hilf uns, wie auch immer!" In diesem Moment knackte es laut, und eine Öse meiner Eisenkette zerbarst. Diese Worte, voll echter Zuversicht gedacht und gesprochen, zusammen mit meinem verbildlichten Wunschgedanken, bewirkten wahrscheinlich dieses Wunder der Schöpfung, würde meine Freundin heute sagen. Am Tag meiner Befreiung dachten wir nicht darüber nach. Glücklich, aber dennoch hektisch bugsierten die beiden Zweibeiner mich in einen dieser viel zu engen Transportbehälter und fuhren, unter anscheinend großer Furcht erwischt zu werden, davon. Immerhin befanden sich im Fahrzeug letztendlich vier laut bellende Tiere in vier Containern.

Wie die Frauen, so waren auch wir wahnsinnig aufgeregt, wir kläfften, strampelten und sabberten. Wohin sollte es nun gehen? Ich vertraute ihnen blindlings, denn schließlich bekam ich noch nie in meinem Leben – wie bereits erwähnt – derart köstliches Essen und sauberes Wasser von menschlichen Wesen, und ich fühlte mich schon damals sehr zu ihnen hingezogen. Außerdem konnte meine Situation schlimmer nicht werden. Angst hatte ich nicht vor der neuen sich anbahnenden Lebenssituation, sondern schon eher wegen des Gerüttels im Wagen und der sich anbahnenden Übelkeit. Himmel, wurde mir schlecht!! Wohlweislich gaben die beiden Frauen uns vor der Abfahrt nichts zu essen.

Intelligent wie ich als Hund nun einmal bin, verstand ich es, irgendwie das Tor an meinem Behältnis zu öffnen, sprang den beiden vorn auf den Schoß, seiberte sie aus Aufregung, Übelkeit und Dankbarkeit voll und ließ mich kaum bändigen. Es war einer der größten Tage in meinem Leben, das bis dahin immerhin sechs harte Jahre gewährt hatte. Die Freundin der Fahrerin versuchte, mich krampfhaft festzuhalten, während diejenige, die den Wagen lenkte, völlig entnervt bemerkte: „Ich hab' dir ja gesagt, dass in diesem Hund ein Mensch steckt. Schau dir bloß das intelligente Gesicht an. Wie hat er es nur geschafft, aus dem Container zu entwischen? Wir hätten ein zusätzliches Schloss an der Kiste anbringen sollen. Halt ihn bloß gut fest. Hilfe, ich kann nichts sehen vor lauter Geschlabber, der schleimt ja alles voll! Halt' ihn doch endlich fest! Wie soll ich denn fahren? Vielleicht beißt er noch vor lauter Aufregung, zumal die anderen bellenden Genossen ihn ganz verrückt machen." „Der Unterschied zwischen einem Hund und einem Menschen besteht darin, dass ein verhungernder Hund, dem du zu fressen gegeben hast, dich nicht beißt", besänftigte ihre Freundin sie weise und nervös, während sie angestrengt versuchte, mich zu beruhigen und fest an sich zu drücken, was ihr natürlich schwer fiel, denn nicht umsonst war ich stets der Boss einer Hundegang und nicht umsonst banden die Bauern mich an besonders schwere, dicke Ketten. Kann man sich meine Aufregung überhaupt vorstellen?!! Erst die unerwartete Befreiungsaktion, dann das unangenehme und entwürdigende Eingezwängtsein in der Kiste, anschließend die entsetzliche Übelkeit und die viel zu schnell an mir vorbei rasende Landschaft. Zu guter Letzt muss man berücksichtigen, dass mich bis dahin noch nie ein Mensch derart an sich drückte. So ein Verhalten verwirrte mich natürlich, obwohl ich es schon damals als nicht unangenehm empfand. Dabei floss viel Blut auf das T-Shirt der mich verzweifelt an sich drückenden Frau. „Oh je, ich glaube, die ist heiß", bemerkte sie entsetzt. Sieh' mal das viele Blut!" „Das kann nicht sein", entgegnete die andere. „Ich habe noch nie eine Hündin mit einer solchen Pistole unter dem Bauch gesehen. Das ist ja wohl ein Rüde. Wo kommt das Blut nur her? Der Arme muss verletzt sein!" In der Folge entdeckten sie, dass ich über und über mit Zecken übersät war, was den beiden Frauen wohl recht unangenehm zu sein schien. Mir sollte es egal sein. Ich verstand auch nicht, warum ich nicht auch an sämtlichen Fensterscheiben durch mein Geschlabber meine Aufregung kund tun durfte.

🐕 🐕 🐕

Das Wunder der Liebe

Nachdem wir aus dem nächsten Dorf heraus waren und keine Gefahr mehr bestand, entdeckt zu werden, hörte die unangenehme Fahrerei endlich auf, und sie hielten an. Meine Artgenossen bellten noch immer aufgeregt in ihren Containern. Die Beifahrerin, die mich bändigen sollte, es aber nicht konnte, lag zitternd, kreidebleich und völlig ermattet im Autositz, während die abgespannte Fahrerin nervös und entnervt ein Seil an meinem Halsband befestigte: „Ich schau mir wenigstens am letzten Urlaubstag einmal den Strand an und nehme den Hund mit. Vielleicht beruhigt er sich ein wenig", rief sie ihrer Freundin zu. Später erfuhr ich, dass es sich als sehr schwierig gestaltet hatte, unsere Befreiung zu planen. Es mussten Container vom Festland besorgt, ein Tierarzt für die Impfbescheinigung aufgetrieben, eine Hundeunterkunft für die letzte Nacht gemietet, einer meiner vierbeinigen Leidgenossen auf Kreta in sorgsame Hände vermittelt und schließlich drei Plätze zusätzlich für uns Hunde im Flugzeug gebucht werden. Und das alles innerhalb von einer Woche. So blieb anscheinend keine Zeit zum Erholen. Wir liefen also gemeinsam aufgeregt und erschöpft ein Stück über den Sand. Ich wäre gern wie ein Wilder den Strand entlang gerast, nachdem ich so lange Zeit an die kurze Kette gebunden war. Aber anscheinend wünschte sie mich ganz nah bei sich. Sollte mir auch recht sein, denn ich wäre ihr sowieso überall hin gefolgt. Der Strand war menschenleer, ein kühler Wind umwehte uns angenehm erfrischend und warf die Wellen rhythmisch an die rotbraunen, spitzen, aus dem Wasser hervorlugenden Felsen. Wir betrachteten gedankenverloren dieses beruhigende Spiel der Naturgewalten. Ruhe und Stille bemächtigten sich unser. Meine Gefährtin setzte sich auf einen vom Meer angetriebenen Baumstamm und ich mich ganz dicht neben sie. Die leichte Gischt des Meeres umspülte seicht ein kleines, verankertes, gleichmäßig hin und her schwankendes Fischerboot. Wir beobachteten den Flug schreiender, in Wogen auf und ab gleitender Möwen, die allmählich ins Meer abtauchende Abendsonne, atmeten gleichmäßig die beruhigende, salzige Seeluft ein und sahen uns dann endlich das erste Mal ganz tief in die Augen. Sie hielt inne, ihre Aura wechselte vom vor Erschöpfung matten Braun ins heller werdende Zartgelb bis schließlich ins schimmernde Hellrosa. Ihr Blick wurde weich, zartfühlend, samtig und so weit, dass sich mir eine neue, längst vergessene und doch bekannte, wunderbare Welt eröffnete. Ich taumelte friedvoll hinein in diese faszinierende emotionale Sphäre und verlor mich fast in den Weiten ihrer glänzenden, grünen Augen. Genauso glitt sie gleichermaßen selig und vertrauensvoll in die beseelten Tiefen meines braunen, sanften Blickes. Wie noch nie zuvor in unserem Leben fühlten wir uns wunderbar aufgehoben und beschützt in des anderen Empfindungsleben und Gemüt. Gleichzeitig spürten wir, dass wir unbewusst unser gesamtes Leben aufeinander gewartet hatten und schauten uns noch lange verklärt an wie ein Liebespaar, das seelenvolle Wechselspiel unserer Gefühle genießend. Dieses wundersame Erlebnis werden wir beide niemals vergessen. Es war sicher das Wiedererkennen einer uralten Seelenverwandtschaft. Heute würden wir beide sagen, es war der Beginn einer einmaligen Beziehung, einer echten, alles verzeihenden, alles gebenden und alles tolerierenden, gegenseitigen, tiefen Liebe. Einer Liebe, die, so schien es uns, seit ewigen Zeiten zwischen uns existierte und immerdar bestehen wird. Sie streichelte mich zärtlich, küsste sanft die Stelle zwischen meinen Augenbrauen und sagte: „Bitte verhalte dich ruhig im Auto. Wir sind noch nicht ganz an den Bauern vorbei. Du hättest besser, wie die anderen, im Container bleiben sollen. Wir bringen euch zum Tierarzt, damit er euch impft und einen Impfpass ausstellt. Anschließend bringen wir die hübsche, braune Hündin im Auto zu einem Jäger, der sie zwar leider im Zwinger einsperren wird, ihr jedoch auch Auslauf und gutes Futter gewährt. Im Flugzeug sind nur drei Hunde erlaubt, und da wir nur eine größere und drei kleinere Transportkisten auftreiben konnten, geben wir zwei von euch großen Geschöpfen in einem privaten, liebevoll geführten Tierheim ab. Den Flug würdet ihr in den zu kleinen Containern nur sehr qualvoll überstehen. Auf jeden Fall ist es dort angenehmer für euch, als elendig zu verhungern. Natürlich ist dieses Tierheim völlig überfüllt und Geld ist dringend vonnöten, sodass wir statt der beiden großen zwei kleinere Hunde mitnehmen, um die Tierheimleiter nicht zu sehr zu belasten. Du wirst mit zwei anderen, kleineren Tieren, einem Welpen und einem dreibeinigen Hund mit uns kommen. Heute Abend werdet ihr drei beschützt in einem für euch bereit gestellten Raum übernachten und gut zu Abend essen. Und morgen geht es ins Flugzeug nach Deutschland. Hab' keine Angst." Sie streichelte mich behutsam. „Im Flugzeug gibt es für euch einen beheizten, hellen Raum. Es wird alles gut werden."

Es folgte jedoch ein grauenvoller Flug in, für meine Begriffe, immer noch zu engen Transportkörben, bei dem wir aus grausamen Gelüsten der griechischen Arbeiter nicht in den vorgesehenen Frachtraum für Tiere, sondern zwischen die Koffer gelangten. Und das auch noch nach einigen Stunden Verspätung, obwohl meine zweibeinige, geliebte Freundin die Frachtarbeiter mit reichlich Geld bestochen hatte, weil sie deren Mentalität bereits zu gut kannte. Haargenau erinnere ich mich nicht mehr an diesen Flug, weil ich zuvor eine Portion Beruhigungsmittel bekam. Wir erfroren beinahe, die Knochen schmerzten grauenvoll, aber wir überlebten irgendwie und kamen in Deutschland an, wo wir an verantwortungsbewusste Leute weiter vermittelt werden sollten. Was mir natürlich nicht gefiel. Ich wollte bei *ihr* bleiben. „Ich kann dich nicht hier behalten, weil ich sehr viel arbeite, reise und du so oft allein wärst. Aber ich verspreche dir, dich regelmäßig zu besuchen und dich nur abzugeben, wenn ich wirklich ganz liebe, verständige Menschen finde, die dich respektieren und achten", sagte sie mit unglücklicher Stimme und Tränen in den Augen.

Meine Zweibeinige nahm mich und den kleinen Welpen mit, ihre Freundin gab dem dreibeinigen Leidensgenossen ein Zuhause. Den Welpen vermittelte sie schnell an eine liebevolle Familie, die wir zuweilen besuchen. Mich wurde sie Gott sei Dank nicht los. Sie beabsichtigte es wohl auch nicht wirklich, obwohl ich ihr manchmal den letzten Nerv zu rauben drohte. Aber ihre Liebe zu mir war anscheinend damals schon zu tief, als dass ihr Verstand und ihre Vernunft hätten siegen können. Niemand entsprach ihren Vorstellungen, niemand war ihr für mich gut genug, zumal ich ihr wiederholt versprach, dass es mir nichts ausmachte, viel allein zu sein. Ich hatte so etwas wie sechs Richtige im Lotto gezogen, auch wenn sie meinte, mir nicht alles geben zu können, was sie sich für mich wünschte.

Eingewöhnung im neuen Land

Machtkämpfchen

Für mich brach nun eine Zeit großer Überraschungen, anderer Gerüche und extremen Umdenkens an. Schließlich kannte ich mich in menschlichen Behausungen nicht aus.

Ich möchte immer wieder betonen, dass ich sehr stolz darauf war, der Anführer einer Hundemannschaft gewesen zu sein. Und so sehr ich meine Befreierin auch schätzte, sie hatte sich mir dennoch natürlicherweise, wie ich als ehemaliger Meuteanführer dachte, unterzuordnen. Um ihr dieses Anliegen von Anfang an deutlich zu machen, suchte ich mir am ersten Tag, direkt nach unserer Ankunft, in ihrer hübschen Behausung einen hohen Platz aus, um meine Notdurft zu befriedigen. Denn man muss wissen, dass jeder Hund, der etwas auf sich hält, grundsätzlich seinen Kot auf einem Hügel oder einem höheren Stein absetzt. Schließlich brachte sie mit mir noch einen anderen, sehr jungen Artgenossen, wie bereits erwähnt, mit, der doch auch sofort wissen sollte, wer hier in unserer neuen Heimat das Sagen hatte. Auf die Schränke meiner lieben Retterin kam ich aufgrund deren Höhe und meiner völligen Ermüdung nicht so gut. Also wählte ich den Küchentisch, was sie überhaupt nicht begeisterte, während der kleine Welpe, seinerseits voller Begeisterung, lerneifrig versuchte, es mir gleich zu tun. Wenigstens ihm schien ich damit zu imponieren. Dabei hätte ich doch gerade ihr so gern gefallen. Aber dazu musste ich noch viel lernen. Nachdem sie sich von diesem Schock halbwegs erholt hatte, erläuterte sie mir sehr freundlich und liebevoll, dabei aber bestimmt und etwas mit den Nerven am Ende, was ich an ihrer ermatteten, dunkler gewordenen Aura und der monotonen Stimme feststellte, wo ich in Zukunft zu koten hatte.

Nun gut, ich begriff schnell, wie immer, ebenso wie der kleine Hund. Natürlich verstehen wir weder deutsch noch griechisch. Sie übermittelte uns ihren Wunsch mittels einiger Bilder, die sie gedanklich konzentriert in unseren Kopf lenkte. So projizierte sie an diesem Tag den Anblick von Lehm, Erde und Wiese in unser Gehirn und außerdem den Geruch von frischer Natur. Dagegen übermittelte ich ihr das Gefühl von bleierner Müdigkeit und Verwirrung. Sie verstand! Wunderbar! Und ließ mich das erste Mal in meinem Leben wohlig ausgestreckt auf einer weichen Decke schlafen. Seitdem unterhalten wir uns häufig auf diese Weise. Ich empfand damals durchaus Mitleid mit ihr. Schließlich fand meine Geliebte keinerlei Erholung auf meiner Geburtsinsel, musste sofort nach unserer Rückkehr wieder arbeiten und tat doch alles nur, um uns zu helfen. Aber das ist für einen intelligenten, feinfühligen, überaus sensiblen Hund wie mich kein Problem. Großzügig wie ich bin, sollte sie ihren Willen vorerst einmal haben. Ich hatte nichts dagegen, draußen mein Geschäft zu verrichten. Derartige Machtkämpfe müssen ja nicht sein. Schließlich gibt der Klügere nach. Meistens jedenfalls!
Manchmal allerdings lohnte sich aber doch ein Machtkämpfchen. Was mir besonders gefällt, ist die Weichheit und der Luxus einer gut gepolsterten Liege. Noch heute kann ich nicht glauben, dass ich jemals auf harten, spitzen, kalten Steinen habe schlafen können. Anfangs wünschte meine Liebste, dass ich neben der weißen Couch

auf einer Decke liege, was ich strikt ablehnte. Ich ging sogar so weit, dass ich sie am Anfang unserer Beziehung gefährlich anknurrte und bissig die Zähne fletschte, um sie von der Ernsthaftigkeit meines Anliegens zu überzeugen, was ihr natürlich Schrecken und Angst bereitete. Damals schrie sie mich das erste und einzige Mal richtig wütend an, woraufhin ich es vorzog, beleidigt in einem anderen Zimmer auf der Erde zu liegen. Danach kommunizierten wir wieder friedlich miteinander. Ich sandte ihr unentwegt den Wunsch, weich auf einem weißen Sofa neben, unter oder über ihr zu liegen, bis sie ein Einsehen hatte ... und beschloss, die weiße Liege für mich, der ich ständig im Wald und im Dreck tollte, zu opfern. Wie man sieht, hatte ich alle Pfoten voll damit zu tun, mich zu akklimatisieren, was für uns beide kein leichter Prozess war.

🐈 🐈 🐈

Jäger und Gejagte

Wenn nur manch bissiger, verhaltensgestörter Hund nicht wäre! Denn das ist für mich ein Problem, das wenig paradiesisch anmutet, ja mir sogar zuweilen all meine Lebensfreude verdirbt.

Man stelle sich vor: Direkt an meinem zweiten Ankunftstag in Deutschland, als ich abgemagert, noch völlig verwirrt durch den grauenvollen Transport im Flieger, das erste Mal mit meiner Freundin und dem kleinen Welpen im Wald spazieren ging, stürzte sich überraschend ein freilaufender, riesiger Hund mit rotzackiger, funkensprühender Aura wütend auf mich. Dieser Unhold stellte sich nicht einmal vor, beschnupperte mich nicht, ließ keinerlei Kommunikation zwischen uns beiden zu. Ich schrie auf vor Schreck und Schmerz, riss mich von der Leine los und rannte wieder einmal um mein Leben, hörte meine Geliebte verzweifelt hinter mir her rufen und lief weiter, um mich in Sicherheit zu bringen. Ich rannte immer weiter. Den furchterregenden Schäferhund konnte ich irgendwann abschütteln. Aber wer weiß, vielleicht würde er mich doch noch erwischen?! Also hetzte ich, so schnell ich konnte, weiter durch den mir noch unbekannten Wald, überquerte befahrene Straßen, störte mich nicht am Quietschen der Autoreifen, sondern raste weiter, bis ich eine angrenzende Nachbarstadt erreichte, meine müden Knochen sich fast dramatisch bemerkbar machten und ich die Bisswunde umso stärker spürte. Das war also das neue Land, von dem mir meine neue zweibeinige Freundin vor unserem Abflug so viel Gutes berichtet hatte.

Wieder ging es um Leben und Tod, ein einziger verzweifelter Kampf! Warum nur hatte sich dieser Hund dermaßen unfreundlich verhalten? Leckere Speisereste oder besonders reizvolle, heiße Hundedamen hatte ich in diesem Waldstück gar nicht wahrgenommen, als er auftauchte. Ich hätte ja verstehen können, dass er mir Futter, Abfall und Weibchen streitig machen wollte, wie es eben in meinem Heimatland gang und gäbe war. Aber Artgenossen aus nichtigem Grunde angreifen?! So etwas kannte ich überhaupt nicht. Wir auf Kreta stecken all unsere Energie in unseren Existenzkampf, bei dem es um Abfälle in Form von Gemüseschalen, Knochenresten, Fellstücken geht und das Ausweichen vor menschlichen Tritten, Schlägen und geworfenen Steinen.

Verzweifelt hielt ich inne. Fremde Gerüche und fremde Geräusche verwirrten mich zusehends. Weit und breit gab es keinerlei Müll auf der Straße, im Gegensatz zu meiner Geburtsinsel, die geradezu aus Bergen von Abfällen besteht. Keine guten Aussichten für ein Überleben! Wo befand sich nur meine Freundin?

In meiner Aufregung hatte ich mir den Rückweg nicht gemerkt. Was sollte bloß in diesem neuen Land, in dem kaum Unrat auf der Straße lag, aus mir werden? Hunger und vor allem Durst machten sich schmerzlich bemerkbar.

Ich trottete langsam den Weg entlang, als Leute sich zu mir herunterbückten und mit freundlicher Stimme sprachen: „Was für ein hübscher Hund du bist, etwas dünn zwar, aber sehr hübsch gezeichnet. Welcher Rasse gehörst du bloß an? Gehst du allein spazieren?" Sie streichelten mich angenehmerweise und gingen weiter ihres Weges. „Ich habe Durst, bin so müde", antwortete ich noch leise hinter ihnen her wimmernd, aber sie drehten sich nicht mehr um. Also trottete ich den Weg beschnuppernd langsam vorwärts.

Plötzlich horchte ich auf. War das nicht die Stimme meiner Befreierin? Wo kam sie bloß her? Aber nein, der Wind rauschte, Autos fuhren daher, Kinderstimmen, Fahrradklingeln, ich hörte sie nicht mehr. Und doch ... da war es wieder! Es kam aus meinem Bauch, ein eigenartiges Gefühl. Die Schwingung meiner Freundin nahm ich deutlich wahr. Ich hörte sie weniger, als dass ich sie fühlte und war ganz aufgeregt. „Beruhige dich, ganz ruhig, ganz ruhig", spürte ich ihre Stimme sanft in mir vibrieren. Sie war da, sie war irgendwie bei mir und schaffte es, mich ein wenig zu beruhigen. O.K., ich musste mich konzentrieren. Sie versuchte, mit mir Kontakt aufzunehmen, wie sie es tat, als ich erst gestern zitternd vor Angst und Kälte im Flugzeug eingepfercht in der Transportkiste lag. Wie selig ich war! Meine geliebte Angebetete befand sich irgendwo in meiner Nähe, augenscheinlich direkt in meinem Bauch oder in meiner Herzgegend. Also fühlte ich gespannt und konzentriert in mich hinein, bis ich ihre Stimme zwar etwas verzerrt, aber doch deutlich, verspürte: „Bleib' ganz ruhig und teile mir ein Bild mit von der Gegend, in der du dich gerade befindest. Siehst du Bäume oder Häuser oder Schilder?" Dabei blendete sie mir diese

Gegenstände ein. Nun, ich sah Häuser, Fahrzeuge, Menschen und Bäume und schickte ihr diese telepathisch zurück.

Anscheinend war sie nicht ganz zufrieden oder konnte mit den ihr gesandten Bildern wenig anfangen. Wärme und weiche pastellene Farbtöne um mich herum nahm ich sodann wahr. Ein Gefühl von Liebe bemächtigte sich meiner, das mich ein wenig einlullte, mich meine verzweifelte Lage vergessen und Hoffnung aufkeimen ließ. „Mein Liebling, ich bete für dich. Meine vielen geistigen Lichtfreunde und mein bester, liebster hochspiritueller Freund sind bei dir und beschützen dich. Wir werden bestimmt bald wieder zusammen sein." So und in ähnlicher Weise sprach sie andauernd zu mir, wobei ich mich eigentlich schon wieder ganz wohl fühlte. Der Durst verging, die Schmerzen ließen merklich nach, frische Energie bemächtigte sich meiner. Meine Freundin saß offensichtlich gleichermaßen sowohl in mir als auch außerhalb von mir. Gleichzeitig spürte und sah ich Liebe ausströmende, helle, teilweise glänzend erscheinende Lichtbällchen, Energiekugeln, wahrscheinlich die geistigen Freunde meiner Angebeteten. Direkt vor mir, etwas oberhalb schwebend, meinte ich eine orange wirkende, menschliche Züge aufweisende, gütige Person zu erkennen, die mir sanft zulächelte und, ich kann mich nicht anders ausdrücken, meine Schritte regelrecht lenkte. Schließlich erreichte ich ein kleines Häuschen, wobei es sich, wie ich später erfuhr, um einen Kiosk handelte, den ich ihr wieder einblendete. Die freundlichen Menschen dort reichten mir etwas Wasser und hielten mich am Halsband fest. Nicht nur geistige, auch irdische Freunde meiner Retterin waren bereits ausgeströmt, um mich wieder zu finden. Ein liebenswerter Mann, der sich als ein Freund meiner Geliebten ausgab, mit einer mir recht sympathischen Hündin, kettete mich an deren Leine und machte sich mit mir und der Hündin auf, um mich nach Hause zu bringen. Auf dem weiten Weg dorthin – ich war in meiner Furcht in eine nahe gelegene Nachbarstadt gerast – fuhr uns bereits meine Freundin freudestrahlend auf einem Fahrrad entgegen. Alles in allem eine wundervolle Führung der geistigen Freunde!

🐾 🐾 🐾

Meine wunderbaren Lebensgefährten

Im Moment bin ich sicher einer der glücklichsten Hunde dieser Erde. Ich schlafe nachts in einem eigenen, weichen Bett, genauer: einem Korb, erfreue mich an köstlichem Essen, genieße meinen freien Auslauf und – ich teile mein Leben mit ihr, meiner großen Liebe, meiner zweibeinigen Geliebten. Es mag sich für Menschenohren ungewöhnlich und vielleicht etwas theatralisch anhören, aber es ist ja nun eine Tatsache, dass uns eine sehr tiefe, innige Zuneigung verbindet. Eine Liebe, die unsere Herzchakren manchmal fast bis zum Bersten bringt. Das Gefühl der Zuneigung, der Austausch von Zärtlichkeiten ist mir heilig. Und dann gibt es da noch ein wunderbares Wesen, das unsere Gespräche und Empfindungen füreinander mit uns teilt: Es ist Chooti, für mich die liebenswerteste, wundervollste Katze des Universums.

Chooti, das Kätzchen, ist eine recht ruhige, philosophisch bewanderte Seele, der vieles von dem, was meine Geliebte vorlebt, sehr nahe geht. Ich mag sie sehr und sie mich anscheinend noch viel mehr. Jedenfalls bezeugt sie mir täglich, durch zärtlich schnurrende Anschmiegsamkeiten, wie sehr sie mich verehrt. Sie leckt mich ab, stiebt ständig ihr dickes, rundes Köpfchen gegen meinen, rutscht wohlig auf meinem Rücken herum, kuschelt sich an meinen Bauch, zwinkert mit ihren riesengroßen, ausdrucksstarken Augen und redet schnurrend oder miauend unentwegt mit mir. Sie erzählt mir – natürlich mittels geistiger Fähigkeiten, deren wir Tiere uns immer bedienen –, was sie gesehen, wen sie getroffen, was sie gefühlt hat. Auch von ihrer enttäuschenden, traurigen Vergangenheit – sie wurde zweimal ausgesetzt – teilt sie uns mit. Während des Schlafens und Träumens rollt sie sich oft zwischen meine Beine, um singende zarte Töne von sich zu geben.

Meine Freundin fand sie als ausgehungerte, etwa dreijährige Katze auf der Straße, nachdem ich bereits einige Zeit bei ihr lebte. Sobald Chooti mich das erste Mal erblickte, rannte sie freudig erregt mit erhobenem, zitternden Schwanz auf mich zu, legte sich sodann flugs rücklings auf die Erde unter meinen Bauch und kratzte ganz sanft daran. Ehrlich gesagt sind mir ihre Schmusereien manchmal etwas unheimlich, obwohl auch sie mir auf den ersten Blick außerordentlich sympathisch war. Bevor ich in das Leben meiner geliebten Zweibeinigen einzog, kannte ich nämlich nur kratzbürstige, launische und zuweilen sehr gefährliche Katzen.

🐈 🐈 🐈

Ein Ausstellungsbesuch mit Folgen

Ich liebe es, meiner Gefährtin beim Erstellen ihrer Arthealing - Kunstwerke zuzuschauen, denn es tummeln sich immer heitere, fröhliche Wesenheiten entweder aus dem Naturreich oder aus dem Reich unserer Lichtwesen im Atelier, die teilweise durch sie malen oder ihr Anregungen geben und über das Schicksal der fertigen Werke berichten. So teilen sie meiner Freundin mit, ob und wann welches Bild ausgestellt werden soll, ob es jemals einen Käufer findet oder ob es „nur" als Mittel zur Bewusstseinserweiterung bei Ausstellungen dient.

36

Während eines langen geistig – spirituellen Prozesses implantiert meine Freundin differenzierte positive, lichtvolle, psychisch-mentale Attribute in das Arthealing-Objekt, die mehr ausströmen, als die üblicherweise angewandte Farb- und Formgebung auszu-strahlen in der Lage wäre, nämlich magnetisierte Lichtqualitäten. So kann der Betrachter dieser Bilder oder der Arthealing-Videoclips nicht umhin, positive energetische Veränderungen an sich wahrzu-nehmen, besonders wenn er mit einem Arthealing-Werk lebt und die lichte Ausstrahlungskraft ständig zu spüren bekommt. Da viele Men-schen bei derartigen Angelegenheiten dazu neigen, alles und jedes erst kritisch mit dem Verstand, dann erst gefühlsmäßig zu überprü-fen, betont meine Gefährtin, dass bestimmte Methoden und Geräte geeignet sind zu verifizieren, ob und welche Attribute sich in dem jeweiligen Artefakt befinden.

Bei Ausstellungen legt meine Freundin viel Gewicht darauf, dass möglichst auch Tiere – besonders wenn die Ausstellung im Park oder im Garten einer Galerie oder eines Museums stattfindet – von den in die Werke implantierten Eigenschaften profitieren, die es zudem oft leichter haben als die Menschen, weil sie wesentlich unkritischer damit umgehen. Sie öffnen einfach ihre Seele, spüren, welches Werk ihnen besonders gut bekommt und platzieren sich dann davor. Im-mer sind einige Hunde dabei. Aber auch eine Katze und ein Papa-gei begleiteten einmal ihre Gefährten. Meine Artgenossen, ebenso wie menschliche Kinder, bevorzugen entweder diejenigen Bilder, die die Information „Lebensfreude" ausstrahlen oder Werke, die als implantierte Eigenschaft „Blockadebefreiung", „unpersönliche Lie-be" oder „Bewusstseinserweiterung" ausströmen.

Meine Freundin bietet den Besuchern zur Vernissage hin und wie-der – je nach Ausstellungsort – die Möglichkeit, an einer von ihr

geleiteten Fantasiereise teilzunehmen, die die kunstbeflissenen Zwei-
und Vierbeiner ins Reich der Farben und Formen, des Lichtes und
der Harmonie führt.

Nun, bei einer solchen Gelegenheit sollte ich eine für mich wichtige Bekanntschaft machen.

Während einige Menschen mit verklärtem Gesichtsausdruck sich
einem geführten Fantasierausch in einer abgelegenen Gartenecke
hingaben, Kerzen brannten, Wasserfontänen sprudelten und sanfte
Musik die Worte meiner Gefährtin begleiteten, roch ich auf einmal
den unnachahmlichen Duft einer Artgenossin. Ich schwelge gerne
in illusorischen Trugbildern, insbesondere wenn diese meinem ex-
traordinären Geruchssinn etwas zu bieten vermögen, den meine
Freundin den der Reise beiwohnenden Zwei- und Vierbeinern nie
vergisst einzugeben. Im Bewusstsein, dass jede Kreatur einen anderen Wohlgeruch bevorzugt, bemerkt sie irgendwann inmitten des
Trips: „Wir schweben hinein in diesen violetten, kristallenen Edel-
stein und nehmen unseren Lieblingsduft wahr." Whow, und schon
– leicht beeinflussbar wie ich bei solchen Gelegenheiten bin – rieche ich Müllberge, frische, gerade aufgeschichtete Müllhalden! Gott,
ist das entspannend! Damals aber nahm ich den Odeur einer ent-
zückenden Hundedame wahr, während ich, der sanften Stimme meiner Angebeteten lauschend, zwischen Couleurs der differenzierte-
sten Nuancen und künstlerisch gestalteten Elaboraten, dahin schmolz.
Erst glaubte ich, sie bewirke diesen Duftzauber aufgrund der gesprochenen und gleichsam konzentriert gedachten Suggestionen,
dann aber schnupperte ich in der Folge das intensiver werdende angenehme Parfüm und verspürte eine ziemlich undistanzierte Person meine Nase beschnüffeln und belecken. Als ich verträumt und
noch ein wenig benommen die Augen öffnete, erblickte ich die Per-
sonifikation dieses berauschenden Aromas, eine wuschelige, aber

dennoch sehr magere Dame mit überaus sexy Schlappohren und lan-gen, wunderbar behaarten Beinen, die anscheinend ohne menschli-che Begleitung und ganz in Weiß mit langem wehendem Haarkleid zur Vernissage erschien. Mir gefiel sie auf Anhieb ausnehmend gut. Ganz Kavalier rückte ich ein wenig zur Seite, um ihr einen Platz an-zubieten. Etwas ausgehungert nach Liebe, so schien es, kuschelte sie sich sofort an mich und ließ mich auch nach dem Fantasytrip nicht mehr aus der Nase und den Augen. Ein menschlicher Gefähr-te fand sich nicht, wohl aber ein Besitzer, der, nachdem er sie aus-gemacht hatte, schimpfend mit der Leine auf das erschrockene Ding los ging: „Hab' ich dir nicht gesagt, du sollst hören, du dummes Biest!? Komm du mir nach Hause! Du bist doch wirklich ein blö-der Köter! Wie lange ich dich schon suche!", worauf die Galeristin mit ruhiger und fester Stimme einwarf: „Projizieren Sie doch nicht von sich auf andere, und benehmen Sie sich in meinen Räumen an-ständig. Hier wird weder geschrien noch werden Tiere beschimpft." Kurz und gut, die rassige Hundedame hatte es nicht nur mir, son-dern auch meiner Gefährtin angetan, die sich fortan bemühte, sie dem scheußlichen Mann abzuschwatzen, was ihr wunderbaren Ge-schicken zufolge nach einiger Zeit gelang. Die abgemagerte Süße zeigte sich zuerst sehr verängstigt, vernachlässigt, verwurmt, wies einige Prellungen auf und schien ein liebevolles, verständnisvolles Zuhause recht nötig zu haben. Natürlich war sie da bei mir gerade richtig. Was ich jedoch als Duft bezeichnete, benannte meine Freun-din als Gestank, denn das niedliche Weib musste anscheinend bis dahin in menschenunwürdigen Zuständen hausen, wo sie, wie sie mir stolz berichtete, noch niemals gewaschen wurde. Diese, in ihren und auch meinen Augen, so unsinnige Erfindung der Menschen ließ sie aber dennoch geduldig über sich ergehen, denn es wurde ihr – für danach – ein Leckerchen der besonderen Art, selbstgebackener Hundekuchen, versprochen. Diese wohlriechende Köstlichkeit gibt es bei uns sonst nur zu meinem Geburtstag, der immer an dem Tag gefeiert wird, an dem ich in Deutschland ankam. Jetzt hatte also auch diese liebreizende junge Dame ihren Geburtstag. Wunderbar, wieder einmal hatten meine Zweibeinige und ich denselben Einfall und denselben Geschmack. Die Kleine durfte bleiben. Wir tauften das weiße, schöne Mädchen mit ihrem Einverständnis Brinda.

Brinda und ich sind äußerlich und von unserer Persönlichkeitsstruktur her völlig unterschiedlich, wie Ying und Yang, dabei die absolute Ergänzung. Dennoch ist es für mich, Brinda und Chooti von höchster Bedeutung, in der Gegenwart meiner angebeteten, zweibeinigen Geliebten zu verweilen. Ich unterscheide mich in meiner Eigenschaft als Hund ein wenig vom rational betonten Menschen darin, dass ich immerzu und ständig alles und jedes erfühle und somit in meinen Empfindungen nur so schwelge. Ich liebe es, mit ihr durch Wälder zu streifen, Mahlzeiten zu verspeisen, die wir beide aus ethischen Gründen nur in vegetarischer Form zu uns nehmen. Ich mag es, Obst, gut gewürzte Salat- und Gemüseteller – man ist ja schließlich Gourmet – bedächtig zu verzehren, wobei ich der Verspeisung aller Arten von Süßigkeiten nicht abgeneigt bin. Damit mir lebenswichtige Vitamine und Mineralien nicht fehlen, besorgt mir meine Gefährtin vegetarisches Dosenfutter für Hunde.

Brinda, ganz im Gegensatz zu mir, hat mit derartiger Lebensform nur wenig am Hut. Für sie gibt es kaum etwas Köstlicheres, als das Fleisch anderer toter Tiere zu verspeisen und im Wald hinter Enten, Vögeln, Eichhörnchen herzujagen ohne Rücksicht auf deren Angst und Verzweiflung. Brinda schätzt es sehr, mitten in einen Taubenschwarm zu rasen, die von beinahe allen Menschen und Tieren gejagten und ständig hungernden, hilflosen Geschöpfe zu erschrecken und ihnen triumphierend hinterher zu bellen.

Mir könnte so ein Verhalten nicht einfallen, denn ich habe selbst so viel in meinem Leben gelitten, dass mir die Not und die Angst anderer durchaus bewusst sind. Finde ich ein verletztes Tier, eine Maus, einen Vogel, eine Ratte zum Beispiel, so nehme ich dieses Tier zart in meine Schnauze und bringe es meiner Freundin zum Gesundpflegen. Meine Gefährtin und ich haben versucht, Brinda liebevoll verständlich zu machen, wie verzweifelt sich diese armen gejagten Geschöpfe fühlen, um etwas Mitleid in ihr zu erwecken. Aber alles noch so eindringliche Reden und telepathische Übermitteln von Bildern und Empfindungen bezüglich ihrer Jägerei überzeugen sie nicht.

Nun ja, meine menschliche Freundin und ich tolerieren, akzeptieren und lieben natürlich unsere langhaarige, weiße, vierbeinige Gefährtin Brinda, die während unserer Belehrungen lächelnd die Lefzen nach oben bewegt, immer etwas verlegen dreinschaut, mit ihrem weichen, langen Schwanz wedelt, tapsig auf den Pfoten herumspringt und sich schließlich schmusend an meiner Freundin hochreckt. Alles Ablenkungsmanöver, meine ich, um ihren Willen durchzusetzen. Meine Geliebte fällt ständig auf die koketten Äuglein und Brindas Schmuseattacken herein, sodass Brinda immer ihren Willen bekommt. Nur gut, dass auch ich sie so sehr mag, sonst könnte ich glatt eifersüchtig werden.

Brinda und ich schätzen es im Übrigen sehr, mit unserer zweibeinigen Freundin zu meditieren, in andere Sphären zu gleiten, mit ihrem Bewusstsein und dem der großen allmächtigen, kosmischen Liebe zu verschmelzen. Aber darauf komme ich noch zurück.

🐕 🐕 🐕

Harmlose Vergnügungen

Befindet sich unsere Zweibeinige außer Haus, langweile ich mich natürlich zuweilen ein wenig, denn ich strotze vor Energie, ganz im Gegensatz zu Brinda, die gern faulenzt. Während meine Geliebte einmal außer Haus arbeitete, packte mich der Übermut und ich zerriss eine besonders extravagante Couch, an der sie sehr zu hängen schien. Nachdem sie sich wieder von ihrem Schreck erholt hatte, nahm sie mich, der ich unheimlich stolz auf mein avantgardistisches, für mich überaus originelles Werk war – es sah einfach toll aus – liebevoll in den Arm: „Liebilein, irgendetwas hast du bei meinen Ausführungen über die Kunst der Moderne, Happenings und Ästhetik nicht richtig verstanden. Bei Gelegenheit werde ich dir ein wenig mehr dazu erklären. Eines musst du wissen. Um solch ein ausgefallenes Sofa neu zu erstehen, muss ich sehr lange suchen, und um es bezahlen zu können, sehr viel arbeiten. Jedenfalls möchte ich dich bitten, nichts in diesem unserem Haus – wobei sie mir das Haus einblendete – und nichts in diesem unserem Garten – er wurde ebenfalls deutlich eingeblendet – und nichts in diesem unserem Auto – auch das projizierte sie unmissverständlich in meinen Kopf – zu zerkauen, zu zerreißen und sonst irgendwie zu beschädigen." Diesen Sermon erklärte sie mir mehrfach, was mir die Wichtigkeit der Angelegenheit deutlich werden ließ, obwohl ich auch beim ersten Mal verstand, dass sie mein Tun nicht billigte. Schließlich liebe ich sie ganz abgöttisch und will sie glücklich sehen. Ist doch klar, dass ich seitdem nichts mehr zerstört habe. Über eines ärgert sie sich allerdings ständig. Ich kann es beim besten Willen nicht lassen. Es ist ein Trieb, der mich immer wieder überkommt und wahrscheinlich ein altes, aus Kindertagen übriggebliebenes Muster – wie die Psychologen sagen würden –, womit ich jedes Mal zu meiner eigenen Freude und zu meinem unbändigen Stolz meine tierischen Mitbewohner sehr beeindrucke. Besonders Brindas Augen ebenso wie ihre Aura leuchten bei dieser Gelegenheit geradezu fantastisch. Orange-rote, gelbe und grüne Pünktchen sowie Blitze sprühen und schießen gleichsam in ihrem Ätherleib umher. Was ich mache? Nun ja, ich kann nicht dagegen an, es überkommt mich einfach, den manchmal vollen Abfalleimer in der Abwesenheit meiner Herzallerliebsten aus der Küche zu ziehen und das gesamte, so herrlich duftende Müllgut über den Perserteppich im Esszimmer zu verteilen, Papiere zu zerfleddern und nach Essbarem zu suchen. Jeder hat doch irgendeine Macke, oder? Das sagt auch stets meine Geliebte. Warum aber echauffiert sie sich dann bloß jedes Mal so sehr? Ich verstehe das nicht.

Also, die Aufregerei vollzieht sich einem Ritual entsprechend immer wieder folgendermaßen: Sobald sie nach Hause kommt, verkrieche ich mich, obwohl ich es eigentlich nicht abwarten kann, sie zu begrüßen, zu beschnüffeln und evtl. auch einmal abzuschlecken. (Das Letztere hängt davon ab, wie viel Parfüm sie benutzt hat. Ihr Parfüm liebe ich so sehr, wie sie die Abfälle auf dem Perserteppich schätzt.) Ich kenne sie ja. Nachdem sie ihre Schimpferei beendet und den Dreck entfernt hat, bemüht sie sich zu mir ins Wohnzimmer, der ich zerknirscht, mit diesmal besonders hängenden Ohren und treuem verzweifeltem Blick – den ich richtig gut kann – zusammengekauert in der hintersten Ecke des neuen Sofas liege, den langen Schwanz unter mir versteckt, wobei die herauslugende Spitze heftigst wedelnd verrät, wie sehr ich mich über ihr Kommen freue, was ich leider nie ganz zu verbergen in der Lage bin. Dann begrüßt sie mich und alles ist wieder vergessen. Inzwischen hat ihr Freund ein Kindergitter vor dem Kücheneingang befestigt, durch das die Katze Chooti in die Küche zu ihrem Futter gelangt und mir leider der Weg zum Abfalleimer versperrt bleibt. Zu meinem großen Glück vergisst sie zuweilen, das Gitter zu schließen, wenn sie das Haus verlässt. So schlage ich dann gleich zwei Fliegen mit einer Klappe. Ich gelange an den Abfalleimer und an Chootis Futter. Chooti, der großzügigen Seele, macht es nichts aus, wenn ich auch ihr Essen in der Küche bei der günstigen Gelegenheit futtere, wobei es mir als Vegetarier gar nicht besonders schmeckt. Chooti dagegen gefällt es, abgekochte und zermatschte Leichenteile vormals lebender Tiere zu fressen. Es handelt sich dabei eher um einen Sport. Brinda, die es mir verübeln würde, alles allein zu verspeisen, lasse ich regelmäßig daran teilhaben.

🐕 🐕 🐕

Oh, diese Frauen!

Was meine Umgewöhnung betrifft, so tat sich ein großes und übermächtiges Problem vor mir auf. Ich verstand überhaupt nicht, was das sollte: Der gesamte Wald, in dem wir regelmäßig spazierten, war voller unglaublich duftender, reizvoller Hündinnen, die ich nicht beglücken durfte.

Diese unbefriedigende Sache raubte mir fast den Verstand und meiner Geliebten die Nerven. Ich konnte aber nicht anders. Es war trotz all ihrer Erklärungen, Bitten, Vorwürfe nicht zu ändern. Ich musste diesen lüstern riechenden, mich einladenden, fantastischen Gespielinnen hinterher, egal wohin. Wenn es nichts gab in dieser Hölle Kreta, eines hatte ich ständig: Spaß mit meinen Artgenossinnen. Auch wenn ich an Ketten hing, kam dennoch ab und an ein frei laufendes Weibchen daher, das sich an meinem Liebeshunger erfreute. Hier in diesem neuen Land gelang es mir nicht ein einziges Mal, ein aufreizendes Weibchen zu besteigen, obwohl ich sie stundenlang quer durch die Stadt verfolgte. Ich begriff gar nicht, warum die menschlichen Lebensgefährten dieser drolligen, aufreizenden Geschöpfe, die mich so gern als ihren Liebhaber einverleibt hätten, mich mit Stöcken, Schirmen und Füßen abzuwehren versuchten. Zwar erklärte mir meine Allerliebste immer wieder, dass es sehr schwierig sei, für kleine Tierkinder ein gutes, beständiges Zuhause zu finden, dass die meisten ungewollten Tierbabys in Versuchslaboren ein grauenvolles Leben verbrächten, dass die Tierheime allerorts ständig überfüllt seien, dass viele Tiere verantwortungslos ausgesetzt würden und ich bitte etwas Verantwortung für meine ungezeugten und ungeborenen Kinder übernehmen solle. Ehrlich gesagt, all ihre Argumente erschienen mir so unwichtig, wenn es um die Befriedigung meines Triebes ging. Sie können sich vorstellen, dass ich Höllenqualen litt und oft tagein, tagaus an nichts anderes als an diese liebreizenden, erotischen Frauen dachte.

Meine Freundin und ich versuchten es dann mit einer Hundeschule, die einen hervorragenden Ruf genießt. Aber Gott sei Dank schaute meine mich wirklich liebende und respektierende Gefährtin den Erziehungsmethoden in dieser Schule mit ebensoviel Abscheu zu wie ich. „Schau dir das an. Das nennen diese Leute Hundesport, lassen sich stundenlang mit Alkohol voll laufen und sperren die armen Hunde in dunkle Kisten!", wetterte sie. In der Tat wurden meine Artgenossen eingesperrt und erst, wenn deren „Besitzer" reichlich angetrunken waren, jagten sie die Hunde im lautstarken Kommandoton über Wiesen und Bretter. „Primitive, perverse Sklaverei nenne ich das", schimpfte sie. „Liebevolle Worte, Gesten und eindeutige, klare Erklärungen verbunden mit entsprechenden telepathischen Visionen versteht und befolgt jeder Hund. Also, mein Schatz, müssen wir uns ein bisschen häufiger in unserer gemeinsamen Sprache üben", befand sie zu meiner Freude. Allerdings half alles Üben leider absolut nichts. Ich verstand ja ihre Befürchtung, dass ich überfahren oder von Tierfängern eingefangen werden könnte, während ich auf der Jagd nach einem Hundemädchen war, aber wie sollte ich bei allem Einsehen gegen meinen übermächtigen Trieb an? Meine Freundin, die mich wirklich liebt, wusste sich keinen Rat. Sie mochte mein stilles Leiden zu Hause nicht mehr mit ansehen. Diese Qual dauerte für uns ein langes Jahr, bis wir beide uns nach einer gemeinsamen Meditation beschlossen, mich kastrieren zu lassen. Ich hatte nichts dagegen. Sie erklärt mir immer alles ebenso deutlich wie anschaulich, und ich muss nun sagen, es ist wirklich eine große Erleichterung, denn viel Not wurde mir genommen. Es geht mir tatsächlich besser. Nun bin ich ruhiger, zufriedener und habe langsam und allmählich gelernt, mich zu entspannen, wozu auch Meditationserfahrungen gehören, auf die ich noch eingehen werde. Und ich habe gelernt zu spielen, locker und leicht mit dem Dasein umzugehen, ja das Leben selbst als Spiel zu betrachten. Es macht paradiesische Freude, mit einigen Mädchen in unserem Wald zu toben, zu rasen, sie abzuschlecken und sich einfach des Lebens mit ihnen zu erfreuen. Aber auch das unbeschwerte Spielen musste ich langsam einüben.

Ich mag es überhaupt nicht, Bällen hinterher zu jagen. Gott, ist das dämlich! Noch alberner finde ich es, wenn ein ausgewachsener Hund arrogant mit Stöckchen durch die Gegend läuft. Nun gut, bei Brinda mache ich eine Ausnahme. Sie findet sich sehr schön damit und marschiert gern Aufmerksamkeit erheischend mit stolz erhobenem Köpfchen durch unseren Wald, während sie ausgesucht lange und dicke Äste mit sich herumträgt. Bei unserer so sehr geliebten und geschätzten Brinda gelten eben ständig Ausnahmen.

🐕 🐕 🐕

Brinda versteht hervorragend, was meine zweibeinige Gefährtin ihr erzählt oder erklärt. Aber sie hat halt ihren eigenen Kopf. Oder wie meine Freundin häufig zu Personen, die kommunikative Hilfe ihren Tieren gegenüber erbitten, zu sagen pflegt: „Jedes Tier hat eben, wie auch jeder Mensch, seine eigene Persönlichkeit. Wir befolgen auch nicht immer, was uns an gesellschaftlichen Regeln vorgegeben wird, gehen vielleicht mal bei Rot über die Ampel, leben ungesund, unvernünftig und undiszipliniert, gehen unvernünftige Risiken ein, können gegen unsere psychologischen althergebrachten und verinnerlichten Muster und Triebe nicht an. Wie können wir von unseren Tieren etwas anderes erwarten? Auch wenn Ihr kleiner (oder großer) Lebensgefährte Sie telepathisch verstanden hat, ist es dennoch möglich, dass er keine Lust oder Angst hat, Ihren Erklärungen zu folgen. Außerdem haben viele Tiere, was Anordnungen oder Bitten unsererseits betrifft, ein Kurzzeitgedächtnis. Ebenso wie wir unseren Kindern wiederholt zu ihrem eigenen Schutz Verbote erteilen, so sollten wir auch immer wieder freundlich unseren Tieren gegenüber Gefahren erklären oder Bitten, die wir an sie haben, wiederholen. Je mehr Ihr Verhältnis sich auf gegenseitigem Respekt aufbaut, umso eher besteht die Chance, dass Ihr Tier sich auf Ihre freundlichen Bitten oder eindeutigen Verbote mit Erklärungen einlässt." Es ist wirklich wichtig, dass die Menschen ihren Tieren deutliche Erklärungen zu Anweisungen liefern, wobei ich es hilfreich finde, wenn der Mensch uns während der Erläuterungsphase gleichzeitig sowohl entsprechende Visionen als auch passende Emotionen sendet. So verstehen wir ihn am ehesten.

Am Anfang unserer Beziehung hatte ich zum Beispiel viel Freude daran, andere Menschen, freundlich wie ich nun einmal von Natur aus bin, zu begrüßen. Also sprang ich über den rechten Gartenzaun, um mich einer dort Wildkraut rupfenden, betagten Nachbarin vorzustellen, während meine Herzdame sich im Liegestuhl gedankenverloren rekelte. Was folgte, waren Zeter und Mordio, die halbe Stadt wurde von der sonst lieben, rundlichen Dame hysterisch zusammengeschrien, als ob ich der Leibhaftige in Person wäre. Einfach unbegreiflich, wenn man bedenkt, wie freundlich, liebenswert und aufgeschlossen ich ihr schwanzwedelnd entgegen trat. Na gut. Meine Freundin lief herbei, entschuldigte sich bei der erschrockenen Nachbarin und erzählte mir dann freundlich, dass ich nicht über Zäune zu springen hätte. O.K. ich wusste zwar nicht, warum ich derartige gesundheitsfördernde Turnübungen zu unterlassen hatte, aber das tut nichts zur Sache. Warum sollte ich meine Geliebte enttäuschen? Sollte sie doch einmal wieder großzügigerweise ihren Willen bekommen!

Am nächsten Tag überkam mich wieder die unbändige Lust, erneut eine betagte Nachbarin, diesmal die zur Linken, zu besuchen. Ich hoffte, mich dieses Mal gebührend vorstellen zu dürfen. Es handelte sich um eine runzlige, im Stuhl sitzende Dame. Über Zäune springen durfte ich ja nicht. Was nun? Über den Zaun hinweg zu bellen hielt ich als erste Kennenlernübung für zu plump. Also, am besten unten durch krabbeln ... So schaufelte und buddelte ich im Lehm, bis ich es schaffte, mich durch den selbst gebauten Gang unter dem Zaun durchzuzwängen. Gerade stupste ich liebenswerterweise ganz sanft die alte, lesende Dame mit lehmiger Nase an deren Bein, als schon wieder ein ohrenbetäubendes Gekreische und Getobe seinen Lauf nahm. Kaum in der Lage, sich zu artikulieren, fuchtelte sie aufgeregt und hysterisch mit den Armen: „Hilfe, Hilfe, nehmen Sie dieses abscheuliche Vieh aus meinem Garten. Können Sie denn nicht darauf aufpassen? Wir haben Enkelkinder. Sollen die vielleicht in einem von Hundebakterien verseuchten Garten spielen?" Ich verstand die Welt nicht mehr. Ja, trug ich denn einen stinkenden Fisch im Maul, dass solche Menschen mich verfolgten? Na ja immer noch besser als auf Kreta Hunger und Durst zu leiden, dachte ich, mich tröstend.

Nachdem meine Freundin mich aus dem nachbarlichen Garten geholt hatte, erklärte sie mir, dass Zäune weder dazu dienten, übersprungen noch untergraben zu werden, sondern als wohltuende Grenze zum Nachbarn da waren, quasi zum eigenen Schutz der Ohren und der Nerven, was ich inzwischen sehr gut verstand. Mein empfindliches Gehör schmerzte noch einige Tage nach dieser so unglaublich freundlichen Begrüßung der Nachbarin. Auch Gartentüren, die ich ebenfalls aus sportlichen Gründen leidenschaftlich gern übersprang, seien zu meinem Schutz gedacht, wurde mir erklärt. So könne ich nicht auf die Straße laufen, überfahren werden (das entsprechende Bild samt bedrückendem Gefühl blendete sie mir geistig ein), und fremden evtl. gefährlichen Hunden würde damit eine Grenze gesetzt. Aha, diese Erklärung sah ich ein. Zäune und Türen überwinde ich nun nicht mehr, obwohl ich mich dummerweise fast grundsätzlich auf deren falscher Seite befinde.

Es gehört allerdings wirklich eine große Portion Respekt und Liebe dazu, meiner Gefährtin manch eine erklärende Bitte, die sie an Brinda und mich stellt, zu erfüllen, und nicht immer schaffen wir das. Zum Beispiel genießen Brinda und ich es sehr, uns im Wald in Aas zu wälzen, ebenso wie meine zweibeinige Freundin sich gern mit Parfüm besprüht. Es bedeutet einen enormen Verzicht für uns, an diesen überaus wohlriechenden, toten Waldtieren, ohne uns in ihnen zu wälzen, vorbei zu laufen, was uns sowieso selten gelingt. Ebenso schwer und ebenso selten zu bewältigen ist es für uns, an menschlicher Notdurft im Wald, ohne diese zu fressen oder uns darin zu aalen, achtlos vorbei zu laufen. Wie sollen wir auch gegen diesen typischen Hundetrieb an? Es ist eben zu köstlich. Dass manch ein Zweibeiner diese liebe Angewohnheit nicht nachvollzieht, ist mir schier unverständlich.

Chooti und meine Geliebte ekeln sich in diesen Momenten vor uns. Brinda und ich jedoch sind jedes Mal unglaublich zufrieden und stolz, wenn andere vierbeinige Leute uns um unseren himmlischen Geruch beneiden. Wie sehr man doch das Leben genießen kann! Einfach traumhaft! Ja doch, hier in diesem Land, besonders bei meiner Herzallerliebsten, ist mein Leben durchaus lebenswert.

Natürlich gibt es leider immer wieder Situationen, vor denen ich am liebsten fliehen würde:

Dieser gefährliche, ständig übel gelaunte Hund, der mich so feige und hinterhältig angriff, treibt noch immer sein Unwesen in unserem Wald. Nicht nur von ihm, auch von anderen kräftigen und gestörten Vierbeinern wurden Brinda und ich zwischenzeitlich in übelster Weise attackiert, obwohl wir immer versuchen auszuweichen, sobald wir die aggressive, ego-geballte Aura diesbezüglicher Hunde riechen und sehen. Schon so mancher Artgenosse ließ aufgrund von Hardcorehunden in unserem Wald sein Leben. Wir Tiere kommunizieren natürlich auch untereinander mittels Bildern und Gefühlen, die wir uns zusenden. Ist ein Hund aggressiv, sehen wir nie einen – menschlich betrachtet – vernünftigen Grund, sondern schmecken den Geruch von Blut, spüren Machtgelüste und blinde Wut.

Meine Herzallerliebste versucht manchmal, telepathischen Kontakt zu diesen rücksichtslosen vierbeinigen Typen aufzunehmen, was zuweilen auch von Erfolg gekrönt ist. Einige Hunde sind jedoch dermaßen geistig verwirrt und erfahren vor allem durch ihre menschlichen Lebensgenossen noch Bestätigung für ihr brutales, unsoziales Verhalten, sodass sie auf die Einwände und Erklärungen meiner Freundin nicht eingehen. Manche verhalten sich so aggressiv, weil sie durch ihre menschlichen Mitbewohner viel psychische und körperliche Grausamkeit erfuhren oder erfahren. So wurde eine Hündin in unserer Nachbarschaft unausstehlich und gefährlich, weil deren rohe und herzlose Menschen sie entwürdigenderweise regelmäßig zum Decken und zum Kindergebären außer Haus gaben. Nie durfte die leidgeprüfte Hündin eines ihrer Babys behalten. In ihrer Hilflosigkeit und Verzweiflung verleiht sie nun ihrer Wut Ausdruck, indem sie sowohl Rüden als auch Hündinnen in übelster Form attackiert.

Schafft es ein aggressiver Hund mich anzugreifen, mischt Brinda derart mutig mit, dass der Angreifer oft vor Schreck und Erstaunen das Weite sucht. Helfen Brindas beherzte Attacken nicht, so mischt sich meine zweibeinige Herzdame in die Rauferei ein, wobei auch sie zuweilen kleinere Wunden davon trägt. Nicht immer und bei jeder Gelegenheit nützt in diesem Fall Energie- bzw. Lichtarbeit. „Wir leben in der Polarität und in dieser sind auch polare Gesetze zu befolgen. Nur Licht, Liebe, Friede und Harmonie erlebt man in jenseitigen Sphären", erläutert unsere Freundin uns zu diesem Thema. Zumindest in den Sphären, in die wir, meine Geliebte und ich zu gleiten pflegen, worauf ich im nächsten Kapitel ausführlich eingehe.

Wahre, wohl tuende Liebe beruht auf Gegenseitigkeit. So helfen nicht nur Brinda und meine Geliebte mir, sondern auch ich verteidige meine beiden Freundinnen aufs Schärfste: Einmal, als Brinda nicht bei uns war, griff ein bulliger Kerl meine zweibeinige Freundin im Wald hinterrücks an, hielt ihr den Mund zu und zerrte sie ins Gebüsch. Wie immer raste und tobte ich meilenweit von ihr entfernt über Stock und Stein, als ich plötzlich sehr deutlich ihre verzweifelte, geistige Stimme vernahm. Sie schien äußerst erschrocken und verwirrt zu sein. Während ich im Raketentempo zu ihr raste, hörte ich sie telepathisch schreien: „Komm schnell, renne, hilf mir und pass auf! Komm doch endlich! Greif den Kerl von hinten an, sonst verletzt er dich vielleicht." Sie sandte mir ein Bild des Verbrechers, den ich bereits in der nächsten Sekunde wutschnaubend mit gefletschten

Zähnen und Schaum vor dem Maul angriff. So ließ er Gott sei Dank entgeistert und verletzt von ihr ab und ergriff die Flucht.

🐐 🐐 🐐

Der Hintergrund meiner Phobien

Was mich während meiner Jugend sehr belastete und für mein Leben prägte, will ich noch kurz erwähnen. Die Leute, die uns gefangen hielten, um uns zu füttern und dann verhungern zu lassen, hielten auch Ziegen und Schafe, die kleine Glöckchen um den Hals trugen. Ab und zu schnappte sich das Weib oder der Kerl des Hauses eines dieser Tiere, erstach oder erschoss es vor unseren Augen oder noch viel schlimmer: vor den Augen der Kinder, Eltern oder anderer Verwandten dieser Mitgeschöpfe. Meiner Gespielin und mir brach es das Herz, das Leid der Angehörigen zu sehen, die oft tagelang vor Gram und Trauer nicht zu fressen vermochten, manchmal apathisch in einer stillen Ecke lagen, von Schmerz und Trauer überwältigt. Seit ich Zeuge dieser Geschehnisse wurde und vor allem seit dem Unfall meiner Mutter leide ich unter einer schrecklichen Phobie. Wann immer ich etwas wie Glöckchen vernehme oder ein Gewehr knallen höre, verliere ich beinahe meinen Verstand, rase wie von Sinnen über Straßen, höre nicht mehr die beruhigenden Worte meiner Geliebten, sondern renne wie von Sinnen, bis ich unser gemeinsames Zuhause erreiche. Erst dort fühle ich mich geborgen.

Auch Autofahren gehört mit zu meinen ärgsten Phobien, die ich aus meiner Kindheit und Jugend mitnahm, denn bevor die grobschlächtigen Bauern mich in dieser menschenleeren Landschaft anketteten, zogen und traten sie mich dermaßen brutal in ein Fahrzeug, dass ich dachte, meine Eingeweide würden platzen. In der Folge banden sie mich an einer so kurzen Leine im Auto an, dass ich fast zu ersticken drohte. Diese Erinnerungen habe ich bis heute nicht verarbeitet. Denke ich nur ans Autofahren, fange ich vor Angst und Übelkeit schon an zu seibern.

🐕 🐕 🐕

Kapitel II

(aufgeschrieben in den Jahren zwischen 1997 – 2000)

Meine Meditationen

Unsere Vorbereitungen

Vor den Channeling-Sitzungen, vor und während ihrer Arthealing-Arbeit, also dem Erstellen magnetisierter Kunstwerke oder vor und während der tierkommunikativen Arbeit pflegt meine Freundin sich geistig zu sammeln, um ihre Tätigkeit konzentriert auszuüben. Manchmal gleitet sie dabei in die unterschiedlichsten geistigen Sphären, meistens in Begleitung jenseitiger Lichtfreunde. Und da wir beide uns seelisch und geistig sehr miteinander verbunden fühlen, ist es kein Wunder, dass ich sie zuweilen bei ihren Meditationen begleite, indem wir uns einfach geistig ineinander einklinken. Dabei spürt sich meine Freundin in mich hinein, so wie sie es bei ihrer Tätigkeit als Tierkommunikatorin macht.

Vor den Meditationen fragt sie uns zunächst: „Möchtet ihr mit mir zusammen eine lichtvolle Reise antreten, euch entspannen, interessante Gefilde und vielleicht heilige, glanzvolle Lichtwesen treffen?", worauf ich es in den meisten Fällen schwanzwedelnd kaum erwarten kann, Chooti, falls sie sich uns anschließen möchte, was nicht immer der Fall ist, mit ineinander verschränkten Pfötchen, schnurrend und abwartend, sich an mich kuschelnd niedersetzt und Brinda, die liebenswerte, quirlige, etwas zappelige und unruhige Person eine Lefze schief einknautscht, ihr weißes, hübsches Köpfchen fragend zur Seite legt, um schließlich etwas entschuldigend dreinblickend sich von uns abzuwenden, sich auf die Couch zu legen und zu schlafen. Für mich ist das O.K. Sie schwelgt vorzugsweise in ihren eigenen Träumen und Fantasien. Jeder muss schließlich selbst spüren, was ihm guttut.

Wenn es los geht, stimmen wir uns ganz ruhig, gelassen, geduldig und entspannt aufeinander ein, was uns Tieren eh' nicht schwer fällt, fühlen uns als Einheit, als ein Wesen, untrennbar mit aller Schöpfung verbunden. Meine Geliebte bittet meine bzw. Chootis und ihre geistige Führung um Schutz für uns und darum, dass wir gemeinsam die gleiche lichtvolle Reise in helle Dimensionen antreten und unversehrt wieder zurückkehren. Es ist sehr wichtig bei allen Reisen in andere Sphären, mindestens seinen Geistführer und möglichst noch weitere hohe, weit entwickelte Lichtwesen um Begleitung und Schutz zu bitten, um Verwirrung auf diesen manchmal fremd anmutenden Ebenen zu vermeiden. Geistige Verwirrung bei Mensch und Tier entsteht auch unter Umständen bei der Rückkehr ins Diesseits, wenn der Trip ohne weisen Schutz der entsprechenden Helfer angetreten wird.

Meine Allerliebste erspürt dabei meinen bzw. Chootis Körper, indem sie sich einfach völlig locker und unverkrampft auf uns konzentriert, nimmt eventuelle Schwachstellen oder Schmerzen wahr, fühlt eventuelle Flohbisse, verspürt Lust oder Hunger auf bestimmte Nahrungsmittel, auf bestimmte Spiele und vor allem erfühlt sie meine bzw. unsere Wünsche, Träume, unsere Gedanken, also unser Bewusstsein, während sie sich voll bewusst in ihrem eigenen Körper und in ihrem eigenen Geist befindet.

Derartig miteinander verbunden gelingt es ihr mit Hilfe jenseitiger lichter Kräfte häufig, mein und evtl. Chootis Bewusstsein in lichtdurchwirkte, geistige Gefilde zu führen, in denen wir anderen Tieren helfen oder von denen aus wir die Gemälde meiner Liebsten magnetisieren oder auch oft kosmische Kraft, überirdisches Licht und unpersönliche Liebe für uns selber tanken.

Manchmal allerdings klinke ich mich aus der gemeinsamen Meditation aus, weil ich schlicht und ergreifend hundemüde bin und einschlafe. Meine Konzentrationsfähigkeit in meiner Eigenschaft als Hund hält nicht so lange an wie die ihre als Mensch. Wenn wir uns am nächsten Tag über die vorangegangene geistige Übung austauschen, stelle ich jedoch oftmals fest, dass ich das gleiche spirituelle Erlebnis hatte wie meine Freundin. So stand mein Geist, während mein Körper schlief, ihr bei ihren Aufgaben zur Seite.

Ich persönlich fühle mich nach derartigen Reisen in lichte Gefilde hundewohl, entspannt und habe das Gefühl, dass sich viel von meiner harten Vergangenheit in den hellen, wohltuenden Ebenen auflöst. Meine Freundin behauptet, dass ich während des Schlafens früher noch viel stärker als heute gezuckt, laut geschrien, gebellt und gewimmert habe, weil ich im Traum noch immer meine Kindheit und Jugend zu verarbeiten versuche.

Nun, ich erinnere mich nicht unbedingt daran, halte das manchmal für etwas übertrieben und meine, dass ich zucke und belle, weil ich mit meinen gegenwärtigen Artgenossen Kämpfchen während des Schlafens ausfechte.

Ein heilsames Urlaubserlebnis

Während eines gemeinsamen Urlaubs in den südfranzösischen Pyrenäen unternahmen Brinda, meine Geliebte und ich eine wunderbare Bergtour, bei der uns die herrlichsten, wundersamsten und bisher unbekannten Gerüche entgegen strömten und bei der sich eine exzellente Möglichkeit zum Austoben bot. Kein Mensch weit und breit und kein bissiger, aggressiver Artgenosse. Wenn das mal kein vernünftiger Urlaub war! Brinda und ich genossen die Düfte der Landschaft und unsere Freundin die Aussicht. Ich raste glücklich und laut lachend über Stock und Stein, bergauf und bergab, bis mich ganz plötzlich ein erschreckender Schmerz durchfuhr. Beim wilden Springen verletzte ich mir den rechten vorderen Knöchel so sehr, dass ich vor Qual bei der zartesten Berührung laut und kläglich wimmerte. Brinda leckte mir mitfühlend mein Gesicht, während meine Geliebte mich streichelnd im Arm hielt: „Mein liebster Schatz, lege dich hin und ruhe ein wenig. Vielleicht hast du dir nur den Knöchel ein bisschen verknackst und kannst nachher wieder laufen. Ich bin nicht stark genug, dich schweres Geschöpf zu tragen, und wir sind so weit vom nächsten Dorf entfernt." Während der Fuß stetig anschwoll und der Schmerz noch unerträglicher wurde, wusste ich bald weder wer noch wo ich war. Hilflos kauerte ich mich in ihre Arme, während sie still und gelassen neben mir kniete, und bat sie mit einem letzten Rest von Konzentration telepathisch, mit matten Augen, für mich Hilfe zu erbitten, woraufhin sie leise und zärtlich, mich liebkosend, bemerkte: „Schätzchen, wir sind doch immer und überall von den uns liebenden Lichtwesen umgeben. Sie wissen doch schon längst, was mit dir los ist und beschützen dich. Ich habe sie bereits gebeten, dir zu helfen. Irgendetwas wird passieren. Entweder werden mir Bärenkräfte verliehen, um dich zu tragen, oder jemand anderes kommt unerwartet des Weges, oder uns allen wachsen Flügel ... Hab' Vertrauen, mein

Liebling. Du weißt doch, wenn unsere Lichtfreunde wirken, geschehen die ulkigsten und wundersamsten Dinge. Bisher halfen sie uns immer. Ich visualisiere dich glücklich und befreit den Weg nach Hause springend. Du weißt doch, dass wir in einer Scheinwelt leben, die uns Krankheit und Verletzung nur vorgaukelt. In Wirklichkeit bist du heil und vollkommen, wunderschön, stark und fröhlich. Du bist reiner, siegreicher und unanfechtbarer Geist." Nun ja, dachte ich, vor Schmerz wimmernd, der ich doch momentan völlig der Täuschung dieser Scheinwelt zum Opfer fiel. Ich wusste ja, was sie meinte. Schließlich arbeiteten wir gemeinsam mit dieser spirituellen Methode, wenn wir anderen Tieren halfen. Aber für mich fühlte sich die vermaledeite Illusion verdammt reell und schmerzhaft an. „Das einzig Existierende", fuhr sie fort, „ist die strahlende Vollkommenheit der Schöpfung, die jedes Atom dieses geheiligten Reiches, in dem wir leben, durchstrahlt und belebt." Ein wenig entkrampfte ich mich, denn die Schmerzen ließen bei diesen Worten etwas nach, obwohl der Knöchel noch immer so geschwollen war und pochte, dass ich dachte, er müsse jeden Moment bersten. Als ich die Augen langsam öffnete, sah ich um Brinda, meine Freundin und mich silber- und goldfarbene, changierende, wolkenähnliche Lichtgebilde, die scheinbar sanft tanzten und dabei wohltuende, warme, mich leicht streichelnde Energien aussandten. „Mein Schätzchen", flüsterte meine Freundin, „ich spüre, wie das heilsame kosmische Licht durch mich strömt und zu dir herüber fließt. Lass uns den Lichtfreunden danken!" Ich wusste, meine Freundin ließ die göttlichen Energien als Kanal und Medium durch sich fließen, um sie auf mich zu übertragen, wie wir es immer taten, wenn wir gemeinsam für hilfesuchende Tiere Energie ausstrahlten. „Jetzt sehe ich deinen gesamten Körper in glanzvolles türkises Licht gehüllt, dein Bein und dein Fuß erstrahlen gelb. Du bist im Licht. Licht ist immer stärker als die Dunkelheit. Kein Leid kann dir etwas anhaben. Du bist ein

Kind Gottes, also unverletzbarer, unanfechtbarer Geist." „Es ist so schwer, dieses Denken auf mich selbst anzuwenden, wenn es mir so dreckig geht", jammerte ich leise und zweifelte: „Hoffentlich kommen wir heute noch zurück ins Hotel." „Engelchen, du weißt doch, dass es für das Licht keinen Unterschied macht, wie lange etwas in Dunkelheit war, sei es ein Raum, unser Körper oder unser mental verdunkelter Sinn, der uns so etwas wie Krankheit vorgaukelt. Wenn das Licht in dich strömt, erhellt sich dein Bewusstsein. Es gibt für das kosmische Licht keine Widrigkeiten, keine Krankheiten oder Schmerzen. DENKE nicht. Lebe im wunderbaren JETZT ohne Anfang und Ende. Raum und Zeit sind doch immer, wenn unsere Lichtfreunde einen Teil ihres vollendeten Reiches auf uns übertragen, aufgehoben. Du bist Geist so wie die große Allmacht Geist ist, also bist du körperlich unanfechtbar. Du bist der Körper dieser kosmischen Kraft, das Gefühl dieser Allmacht Gottes und die Harmonie der großen Schöpfung. Das ursprüngliche Selbst. Dein Körper und dein Geist werden im heiligen Licht gebadet. Schau dir dein strahlendes, leuchtendes Füßchen an!" Ich hatte längst gesehen, dass mein Fuß von herrlich heller, leuchtender Aura umgeben war und bemerkte auch eine Erleichterung bezüglich der Schmerzen. „Aber es tut doch noch ein wenig weh", dachte ich und übermittelte ihr meine Zweifel, worauf sie entgegnete: „Ich weiß, dass dein Geist im Moment an Verletzungen und Unglücksfälle glaubt aufgrund der Täuschung, in der du dich gerade befindest. Stelle dir deinen Körper glorreich und vollendet vor, denn er ist es. Ideen und ihre Gestaltung sind eine Einheit, unteilbar und unzertrennlich. Wenn du es momentan nicht schaffst, weil die Illusion des Unfalles dich noch gefangen hält, ruhe dich aus und lasse meine Worte auf dich wirken. Wie unsere lichten Freunde, so richte auch ich meine Aufmerksamkeit auf das vollkommene Originalbild deines Seins, denn der Akt des gleichzeitigen Wünschens und Visionierens endet immer in der Realisierung des Erbetenen. Ich sehe dich strampelnd und glücklich in meinem Bett im Hotelzimmer mit Brinda toben. Im Verhältnis zu deinem spirituellen Körper ist dein so genannter physischer Körper vollendet in seiner Proportion." Ihre Gedankengänge schienen mir ein wenig zu schwierig, obwohl ich meine Liebste ja oft bei ihren Heilmeditationen begleite und immer den Gesprächen und Gebeten lausche, wenn sie sich mit ihren Freunden zu diesen Zwecken trifft, also die entsprechende Backgroundphilosophie gründlich kannte. Aber ich war so erschöpft von den Schmerzen, Entschuldigung, von der „Erscheinung" der Schmerzen, auch vom vielen Rennen, und musste die neuen Geruchserlebnisse erst einmal verarbeiten. So lauschte ich nur dem Klang ihrer Stimme und beobachtete die sich ständig ändernde Aura meines Fußes. Mein Körper fühlte sich wohlig warm an, während ich leichte, nicht unangenehme Elektroschläge spürte. Mein Bewusstsein erhellte sich spürbar. „Dein ursächliches Sein kann nicht verändert werden, weil das Sein unwandelbar und unsterblich ist", fuhr sie leise fort. „Achte nicht auf Erscheinungen und Illusionen. Du bist ALL-Liebe, lebst im vollendeten Reich, in welchem Überfluss, Gesundheit und Harmonie von umfassender Substanz sind. Du erstrahlst im Licht der allmächtigen Schöpfung, lebst im wunderbaren JETZT ohne Anfang und Ende, zeitlos. Liebchen, du BIST ewige Freiheit, ewige Harmonie und unendliche Freude."

„Whow, genug der Worte und aller Wunschkraft", dachte ich und fühlte mich auf einmal, dank der Hilfe unserer wundervollen Lichtwesen, wie neu geboren. Ich stand auf, schüttelte und reckte mich, um sodann voll sprühender Lebensfreude den Weg zurück zu laufen, gleich so, als wäre alles nur ein schlechter Traum gewesen, was ja auch den Tatsachen entspricht. Von der enormen Schwellung war nichts mehr geblieben. So sprang ich wieder, in der Illusion, dieses Mal gesund zu sein, über Stock und Stein, ganz der Polarität unserer Scheinwelt entsprechend. Ich finde es recht schwierig, stetig in dem Bewusstseinszustand der Vollkommenheit zu leben. Meiner Zweibeinigen geht es natürlich ebenso. Aber wie schon so oft zuvor bei mir, meinen Lebensgefährten und den Hilfe suchenden Tieren hatten die kosmischen Freunde den ursprünglichen, gottgewollten Zustand wieder hergestellt. „Wisst ihr", erklärte uns abends im Hotelzimmer unsere Liebste, „solche Unfälle wie heute passieren, damit wir Menschen und Tiere uns wieder an unseren eigentlichen Ursprung, an unsere Heiligkeit, an die Vollkommenheit der Schöpfung, in der es uns an nichts mangelt, erinnern. Wenn irgendeinem von uns solch eine Täuschung in diesem Trugbild des Lebens wiederfährt, sollten die anderen ihn an das Wesentliche, die Urkraft in ihm, die untrennbare Einheit aller Schöpfungen mit ihrem glorreichen, unfehlbaren Schöpfer, erinnern.

🐕 🐕 🐕

Trancereisen, ein Erlebnis

Nun zu einigen meiner Erfahrungen, die ich während der geistigen Reisen mit meiner Freundin erlebte und immer wieder in ähnlicher Weise erfahre:

Einmal begleitete ich sie in eine Astrallandschaft, die man sich schöner nicht vorstellen kann. Vielleicht mag es Sie verwundern, dass Hunde einen Sinn haben für Schönheit, Farbempfinden und Ästhetik. Es soll allen Ernstes Wissenschaftler geben, die behaupten, dass Hunde nur Graustufen wahrnehmen könnten und hauptsächlich durch ihre Nase sähen. Eine wahrlich witzige These! Ich lache mich kaputt! Derartige Leute haben sich anscheinend niemals in einen meiner Artgenossen eingefühlt und aus seinen Augen die Welt gesehen.

Ich jedenfalls lege besonderen Wert auf eine harmonische Farbzusammenstellung. Meiner zweibeinigen Lebensgefährtin bringe ich beinahe regelmäßig die zum Kleid farblich passenden Schuhe, damit sie schneller angezogen ist, um mit Brinda und mir einen Spaziergang zu machen, den wir im Allgemeinen kaum erwarten können. In der Eile, Aufregung und Vorfreude auf einen Waldgang verwechsle ich allerdings zuweilen zwei unterschiedliche Paar Schuhe.

So brachte ich ihr kürzlich zum bunten Kleid mit aufgedruckten roten Rosen einen farblich passenden roten Schuh mit Stöckelabsätzen und einen anderen roten mit flachem Absatz. „Liebling, du bist ja süß. Die Farbe passt ausgezeichnet zum Kleid. Nur kann ich im Wald keine Pumps tragen. Es läuft sich dort besser auf flachen Schuhen", schmunzelte sie vergnügt, wahrend sie mir die Ohren dabei kraulte. Bis heute habe ich denn noch nicht so ganz begriffen, warum meine Freundin einen dieser Schuhe verschmähte. Brinda und ich verstehen ohnehin nicht, warum Menschen Schuhe tragen. Wir kämen doch viel schneller zu unseren Ausgängen, wenn sie sich überhaupt nicht anziehen würden. Wie viel Zeit es immer braucht, bis unsere Zweibeinige gewaschen, gekämmt, geschminkt und angekleidet ist. Nicht auszudenken, was wir währenddessen im Wald alles versäumen! Andererseits ist es ebenso herrlich, einfach mit ihr zusammen zu sein, ihr bei all ihren Aktivitäten zuzuschauen, wie es gleichsam wundervoll ist, mit ihr in geistige Welten zu gleiten. Aber wieder zurück zu unseren Meditationen.

Nun, in der eben erwähnten Reise, die während eines Malvorganges stattfand, sah die lichtdurchwirkte Landschaft ähnlich aus wie die irdische mir bekannte Umgebung. Allerdings hatte ich den Eindruck, mit jedem Grashalm, jedem Kieselsteinchen, jedem Wassertropfen kommunizieren zu können. Die Fliege auf meiner Nase missfiel mir nicht, sondern bereitete mir sogar Gefallen. Alles und jedes schien zu lieben, zu leben, zu pulsieren, einerseits transparent und doch andererseits undurchsichtig zu sein. Alle aus dieser Welt ausströmenden Düfte erschienen meiner Nase wundervoll. Ich bin kaum in der Lage, sie zu beschreiben. Es roch nach köstlichem Käsekuchen, nach gebackenen Reibeplätzchen, nach frischen Müllbergen, lieblichen Hundedamen und delikatem Aas. Eben paradiesisch! Meine geliebte Seelenverwandte, die ich während dieser Trancereisen manchmal nur schwingungsmäßig ausmache, zuweilen allerdings sehe, fühle und rieche, scheint die dortigen Gerüche nicht allzu intensiv wahrzunehmen. Jedenfalls beklagt sie sich niemals über Aasgeruch, wie sie es normalerweise auf irdischer Ebene zu tun pflegt. Das Eigenartige ist, dass ich jeden einzelnen Duft gleichzeitig wahrnahm und trotz der herrlichen Gerüche keinen Hunger verspürte. Eine phantastische Welt voller Wohlbefinden, Toleranz und Gleichklang, die je nach Kreatur unterschiedlich sinnlich wahrgenommen wird.

🐕 🐕 🐕

Verstorbenen Tieren Beistand leisten

Ab und zu, wenn es uns durch die geistige Führung der verblichenen Geschöpfe gestattet wird, besuchen meine Geliebte und ich Tiere, die gerade die irdische Welt für immer verlassen mussten, das heißt, die zumindest ihren Körper hier aufgaben. Meistens erfüllt meine Freundin diese Aufgabe allein, weil ich in meiner Eigenschaft als Hund mich nicht allzu lange konzentrieren kann, aber ich bemühe mich doch redlich, mich bei meiner Gefährtin geistig einzuklinken und dabei zu bleiben, denn ich liebe es sehr, diesen Geschöpfen unsere Hilfe anzubieten. Wenn die Tierseele sich auf der feinstofflichen Ebene wohl fühlt, sollten wir Erdenwesen sie dort nicht stören, sondern den Rat ihrer Schutzgeister befolgen. Die Seele würde an ihre hier noch verweilenden Lebensgefährten oder ihre ehemals heimische Umgebung unter Umständen schmerzhaft erinnert, was man ihr nicht antun sollte.

Manche Seelen finden sich jedoch in der ätherischen Welt schlecht zurecht und bedürfen geistiger Unterstützung sowohl von Menschen als auch von liebevollen Tieren.

Tiere, die von Menschen, bewusst oder unbewusst durch Gebete, Gespräche oder Meditationen, bei denen sie zugegen waren oder an denen sie teilnahmen, auf jenseitige, lichtvolle Sphären vorbereitet wurden, kennen sich dort nach ihrem Tod recht gut aus und akzeptieren schnell die Hilfe der Jenseitigen. Diejenigen Tiere jedoch, die rein erdgebunden lebten, zum Beispiel frei lebende Geschöpfe oder Haustiere, die bei völlig erdorientierten Personen zu Hause sind, die also keine lichtvolle Schwingung gezielt erfahren durften, halten sich oft unserer Erfahrung nach in recht stumpfer Welt auf, einer Welt, die der hiesigen ähnelt. Das heißt, sie durchleiden noch immer Gelüste, verspüren Triebe und Zwänge, erfreuen sich aber auch an der Befriedigung dieser Begehrlichkeiten, denn sie begreifen schnell die nach Realisation strebende Macht der Wunschkraft auf ätherischer Ebene.

So wurde meine Freundin von einer Dame um Beistand gebeten für ihr gerade verblichenes Tier, eine Katze, die sie in kranker Verfassung – anscheinend misshandelt und ausgesetzt – von der Straße auflas. Wir erlebten bei dieser dahingeschiedenen Katze, die zu Lebzeiten äußerst ängstlich auf Menschen reagierte, sich ständig in die dunkelsten Nischen einer Wohnung verkroch, ihr Essen und ihre Toilette von ihrer menschlichen Gefährtin in derartigen Ecken angeboten bekam, ein völlig anderes Bild auf feinstofflicher Ebene.

Im Jenseits spielte und tollte eben diese Katze mit anderen Artgenossen in freier Landschaft, wo sie sich mittels ihrer Gedankenkraft sogar Mäuse materialisierte. Nur Menschen und geschlossene Wohnungen ließ sie dort nicht zu. Derartig schuf diese Katze sich folglich ihren eigenen Himmel, in dem sie anscheinend sehr glücklich war.

Ein Papagei, zu dem wir einige Tage nach seinem Tod Kontakt aufnahmen, hatte sich zu Lebzeiten wahrscheinlich so sehr an sein Gefängnis, einen Käfig, gewöhnt, dass er auch im Jenseits noch immer im Vogelbauer saß. Aufgrund der starken Trauer seiner Lebensgefährten, die er deutlich spürte, fühlte er sich äußerst einsam und deprimiert. Umso intensiver sog er die ihm von uns gesandte kosmische Lichtenergie auf und weitete seine Seele, sodass sein Geistführer zu ihm durchdringen konnte. Alsbald verließ er natürlich gedanklich seinen Käfig und folgte seinem Schutzgeist in lichtere Gefilde, die seiner Entwicklung dienlich waren.

Eine mit uns befreundete Tierheimleiterin bat meine Freundin einmal zu schauen, wie es einem dort verblichenen Schäferhund ging. Meine Allerliebste pflegte schon einen liebevollen geistigen Kontakt zu ihm, den sie über ein Foto herstellte, als er noch hier auf Erden weilte. Als wir uns auf diesen Hund spirituell einstellten, spürten wir, dass er bereits versuchte, liebebedürftig mit meiner Freundin in Kontakt zu treten. Schließlich fühlten wir beide ihn fast materiell in unserer körperlichen Nähe, wie er versuchte, sich zwischen uns zu kuscheln. Meine Gegenwart schien ihm nichts auszumachen, zumal ich ihn mit Gefühlen und Gedanken der Zuneigung und telepathisch gesandten Bildern von duftenden, lichterfüllten Landschaften und liebenden, hellen Lichtwesen, tröstete. Er teilte mir geistig Bilder über seine enttäuschende, lieblose Vergangenheit mit und über die tiefe Traurigkeit, die er empfand, weil er nun nicht mehr mit der sehr engagierten Tierheimleiterin zusammen sein könnte, von der er sich nie hatte trennen wollen. Meine Freundin bat die Heimleiterin, unsere Lichtfreunde und seinen Schutzgeist seiner Seele zu geben, was sie benötigte.

Demzufolge schien dieser Hund recht bald sehr getröstet, weil er zwischendurch auch spürte, dass seine ihm so sehr verbundene Menschengefährtin aus dem Tierheim ihn in lichtvolle, positive Gebete und Visionen hüllte, ohne ihn durch leidvolle Trauergedanken zu erschrecken, ihn damit an die verdichtete Erdsphäre zu binden und seine Entwicklung in der neuen Dimension zu blockieren.

Dieser Zustand wiederholte sich mehrere Male innerhalb von zwei Tagen, in deren Folge das Tier uns getröstet, umgeben von Lichtwolken, verließ.

Leiden die menschlichen oder tierischen Freunde der eben Verstorbenen wegen deren Dahinscheiden sehr, verspüren die Tiere die Trauer und machen im Jenseits unermessliche Qualen mit. So wäre es also besser, die hinterbliebenen Menschen setzten die Verstorbenen geistig ins kosmische Licht, hüllten sie in Gebete ein, die ihnen helfen würden, den Wandlungsprozess vom Irdischen ins rein Geistige zu verarbeiten oder sie bäten andere, nicht vom Verlust des Tieres betroffene Personen, um spirituellen Beistand für das verblichene Wesen. Unter Personen verstehe ich selbstverständlich auch zwei -, vier -, sechsbeinige oder beinlose tierische Personen.

So bin ja auch ich gerne bereit, wenn ich nicht gerade zu hundemüde bin, mich geistig, natürlich zusammen mit meiner Freundin, mit den neuen jenseitigen Seelen in geistige Verbindung zu setzen.

Ich verstehe die Menschen nicht, die sich entweder in ihre Trauer einkapseln und ihre Gefährten nach deren Ableben mit leidvollen Gedanken peinigen und an die verdichtete Erdatmosphäre binden oder sie einfach vergessen und sich schnell als Trost ein neues Tier anschaffen. Vielen Menschen scheint gar nicht bewusst zu sein, dass wir unsterbliche Seelen sind. Es reicht doch nicht, unsere irdischen, unbrauchbaren Körper unter der Erde zu verscharren. Ist jemand in ein fernes Land verreist, ruft man ihn doch auch an, oder er uns, um zu erfragen, bzw. mitzuteilen, wie es ihm dort geht. Es sollte doch selbstverständlich sein, dass man den in eine andere Dimension Reisenden liebevoll verabschiedet und ihn begleitet, zumindest wenn es sich um Tiere und Kinder handelt, bis man sicher geht, dass er dort von helfenden Wesen empfangen und geleitet wird.

Mir als Hund fällt es vielleicht aufgrund meiner stark ausgeprägten Medialität leichter als den Menschen, Kontakt zu anderen Dimensionen aufzunehmen, aber könnte ein Mensch dem Reisenden nicht lange Zeit hindurch warme, lichte, kosmische Energien senden, die sich ja gleichermaßen auch auf den Trauernden positiv und erhellend auswirken?

Meine Freundin bittet grundsätzlich die Zurückgebliebenen, zu deren eigenem Wohle mitzuarbeiten, wenn wir den voraus gegangenen Geschöpfen Gedanken der Zuneigung und der Liebe senden, um ihnen die Eingewöhnung in der anderen Welt zu erleichtern. Sie sollten von dem Elend, der trauernden grauen Dichte der um ihre Form weinenden tierischen oder menschlichen Gestalten abgelenkt werden. Manchmal dauert es einige Zeit, bis die Tierseelen sich uns zuwenden, um den warmen, liebevollen Gedankenstrom, den wir ihnen senden, zu erfassen. Zuweilen sind sie sogar irdisch, materiell spürbar, wie der oben erwähnte Schäferhund. Sie kauern sich anschmiegsam neben uns, schmusen und nehmen begierig das für sie so wohltuende Liebeslicht auf, wovon gleichermaßen auch meine Freundin und ich profitieren, denn wir fungieren natürlich nur als Kanäle für diese göttlichen Kräfte. Wir erklären den Tieren sodann ihre Situation, die sie oft noch gar nicht begriffen haben.

Erdgebundene Tierseelen leben meistens noch einige Zeit im Haushalt ihrer früheren menschlichen Begleiter, die ihrerseits meiner Freundin häufig von ihrer verstorbenen und noch durch die Wohnung tobenden und Trockenfutter kauenden Katze erzählen oder vom Flügelschlagen und Zirpen ihres Wellensittichs.

Für die vormals sehr erdgebundenen, verwirrten Tierseelen bedeutet es eine große Erleichterung und enorme Unterstützung, mit starken, lichtvollen Gedankenenergien von noch auf der Erde weilenden Kreaturen umhüllt zu werden. Es bedarf Zeit, Geduld und eines intuitiven, möglichst spirituellen Einfühlungsvermögens, um die erschreckten Seelen aus ihrer mental verdunkelten Welt zu erlösen, wobei ich in diesem Fall besonders über die unter Qualen getöteten Tiere spreche, die der Vivisektion anheim fielen oder das Opfer von Schlachtungen wurden. Die potenziert ausgestrahlte Licht- und Heilenergie vieler Menschen und anderer Mitgeschöpfe wirkt sehr positiv auf die unter extremen psychischen Schmerzen leidenden Wesen. Ich kann aus meinem Erfahrungsschatz nur sagen, dass es immer hilfreich für die Seelen der Verblichenen war, wenn ich mich mental auf sie einstellte, wobei sie nur meine wohlwollenden, tröstenden Gedanken und warmen, liebevollen Gefühle, nicht aber meine irdische Form wahrnahmen.

Ich treffe übrigens zuweilen andere Tiere, die die gleiche Aufgabe übernehmen wie ich. Warum wir das tun? Weil wir lieben! Es ist etwas Wunderbares, sich auf Tierseelen geistig einzustellen, auch wenn diese gequält und verwirrt sind. Die Tierseele mutet im Gegensatz zur meist verdichteten, gröberen Schwingung des erwachsenen Menschen sehr hell und weich an. Sie ist leicht zu durchdringen und zu kontaktieren. Versuchen Sie einmal, liebe LeserInnen, während einer Stilleübung sich auf ein Tier einzustellen, um ihm Licht zu senden, und vergleichen Sie es mit einem Menschen, auf den Sie

Ihre geistig-spirituelle Aufmerksamkeit lenken. Der Kontakt zu einem Tier wird sehr schnell hergestellt, wobei Sie – trotz aller eventuellen seelischen Not des Geschöpfes – Liebe spüren, nur Liebe und immer wieder maßlos sich verströmende Liebe, von der auch Sie profitieren, so wie das Geschöpf davon profitiert, dem Sie als Kanal kosmische Energien, Licht und unpersönliche Liebe der allmächtigen Schöpfung zuleiten.

Wir Tiere teilen liebend gern unsere Seelenenergien mit anderen Geschöpfen. Wir genießen es geradezu, andere Wesen am Transfer unserer Energien teilhaben zu lassen und uns dem seelischen Austausch von Liebesströmen hinzugeben.

Stellen Sie sich zum Vergleich auf einen hilfesuchenden Menschen ein, so verspüren Sie häufig zunächst einmal Verdichtung, Ego und Machtdenken, innere Kämpfe, Ehrgeiz, Wut, Schwäche, Rachegedanken, Engstirnigkeiten oder andere Attribute, die ihn weit entfernen vom Wesentlichen, von der Vergeistigung und vom Gefühl, als geistiges Wesen eins mit aller Schöpfung zu sein.

Warum übernehmen denn viele Tiere die Krankheiten ihrer menschlichen Lebensgefährten? Weil sie lieben! Bedingungslos!

Und weil sie sich eins fühlen mit ihren Menschen, so sehr verbunden, dass sie ihr Denken und Fühlen und damit auch ihre dadurch ausgelösten „Krankheiten" annehmen bzw. übernehmen.

Aus ihren Channeling-Sitzungen, bei denen ich natürlich physisch grundsätzlich und geistig je nach Konzentrationsfähigkeit zugegen bin, weiß meine Freundin zu berichten, dass unter Gewaltanwendung gestorbene Menschen noch viele Jahre nach dem Mord, irdischer Zeitrechnung zufolge, fürchterliche seelische Qualen und Ängste erleiden, bis sie irgendwann, falls sie es zulassen, von dies- oder jenseitigen Lichtenergien beruhigt werden.

Ganz ähnlich verhält es sich bei Tieren, die einem Gewaltverbrechen zum Opfer fielen, nur mit dem Unterschied, dass Menschen, je älter und mental verdunkelter sie zum Zeitpunkt des Todes waren, auf feinstofflicher Ebene nach Rache schreien. Somit erschaffen sie sich ihre eigene Hölle voller Leid, Dunkelheit und Rache, aus der sie erst entkommen, wenn sie sich im Verzeihen üben und kosmisches Licht akzeptieren. Kinder- und Tierseelen dagegen dürsten selten nach Rache, befinden sich demnach nicht in einer solch extremen Schattenwelt, aber bedürfen dennoch unbedingt der Hilfe.

So versuchen wir, diesen Geschöpfen zu verdeutlichen, dass sie sich dem warmen, kosmischen Licht und den Liebe ausstrahlenden geistigen Führern anschließen sollten. Jedes Tier, das einen Namen trägt oder das mit Menschen oder zumindest bei oder unter Menschen lebt oder in früheren Leben gelebt hat, wird individualisiert und aus der Gruppenseele der Tiere befreit. Es bekommt kosmischen Gesetzen zufolge einen eigenen Schutzgeist zugesellt, einen Geistführer oder Schutzengel, wie immer man ihn nennen mag. Lässt das Tier es zu, das heißt, ist es entspannt und beruhigt nach seiner Trennung von der Erde, übernimmt diese Entität seine Führung auch im Jenseits. Deshalb ist es so wichtig, die Tierseele liebevoll zu harmonisieren, wobei auch dem jeweiligen Geistführer kosmische Energie und unpersönliche Liebe gesandt werden sollte, denn auch er befindet sich auf dem Weg zur Entwicklung in eine nächste feinstoffliche Lichtstufe. Er bedarf ebenfalls der kosmischen Hilfe, um seinen Aufgaben, seiner geplanten Entwicklung gemäß, gerecht zu werden. Bei den Schutzgeistern der Tiere handelt es sich vielfach um Wesenheiten, die noch nie inkarnierten, ähnlich wie die Naturgeister, die sich jedoch weniger amoralisch als die Vorhergenannten verhalten, sondern sich perfekt in die jeweilige Tiergattung, die es zu leiten gilt, hineinversetzen. Genau wie bei den die Menschen begleitenden Wesenheiten handelt es sich um Lichtenergiekugeln, die sich – dank ihrer Wunschkraft – unterschiedliche Formen zu geben vermögen.

🐕 🐕 🐕

Meditationstreffen, eine lustige Abwechslung

Sehr faszinierend finde ich es, wenn meine Geliebte Channeling-Seminare abhält, um den Teilnehmern den Kontakt zwischen jenseitigen und diesseitigen Welten und ihrem Geistführer zu vermitteln oder wenn einfach Meditationen mit Freunden bei uns stattfinden. Wir begrüßen es im Allgemeinen auch, wenn die Teilnehmer ihre Tiere mitbringen. Schließlich leben wir nach der Maxime:

„Gott schläft im Mineral.
ER wacht auf in der Pflanze,
geht im Tier umher
und
ER denkt im Menschen."
(Sri Sathya Sai Baba)

Ich persönlich mag auch Kinder sehr gern, obwohl diese sich im Gegensatz zu uns Tieren wesentlich unruhiger und lauter während der Meditationen verhalten. Das stört manchmal sehr meine Aufmerksamkeit. Sie verlangen zudem ständig Zuspruch und Rücksichtnahme, Eigenschaften, die einem etwas alternden Hund wie mir lästig sind, aber andererseits lässt es sich so herrlich schmusen mit diesen kurzen Menschen, die sich immer über die Anwesenheit von uns Tieren freuen, Leckereien verteilen und überdies meistens eine so wunderbar saubere, reine, klare und wohlriechende Aura aufweisen. Sie sind fast so begeisterungsfähig wie wir und genießen es hemmungslos, unsere Liebe aufzusaugen, die uns Tieren im Überfluss zu eigen ist und die wir selbstredend gern teilen.

Brinda und ich freuen uns, ab und zu neue tierische Kontakte knüpfen zu dürfen, wobei es oft zunächst wild her geht. Es wird unter uns Vierbeinern – ich spreche dabei von Artgenossen – beschnüffelt, beleckt und besprungen. Aber auch die Freunde meiner Geliebten mag ich persönlich sehr, besonders diejenigen, mit denen ich mich deutlich telepathisch verständigen kann. Ich freue mich immer, mich ihnen mitteilen zu können, schließlich sind wir Hunde sehr kommunikative Wesen.

Und Brinda und ich haben Spaß daran, meinen tierischen Freunden Neuigkeiten in Haus und Garten oder unser Spielzeug zu zeigen. Was ich gar nicht mag und was ich laut bellend abwehre, ist das kecke Heranmachen mancher Rüden an meine süße Brinda, die sich leider zu oft sehr geschmeichelt fühlt. Schließlich liebe und verehre ich sie sehr, bezeuge ihr meine Zuneigung durch Schutzverhalten, opfere Ihr zuweilen meine liebsten Kauknochen, lege ihr diese sogar wortwörtlich zu Füßen. Einmal wimmerte ich nachts so lange, bis unsere Zweibeinige endlich wach wurde, mir die Tür zum Garten öffnete, damit ich hinaus rennen und den von mir eingebuddelten, wertgeschätzten Kauknochen ausgraben und, wieder im Schlafzimmer angelangt, ihn Brinda zu Füßen legen konnte. Meine zweibeinige Geliebte hatte Gott sei Dank Verständnis für meine Liebesbezeugung. Schließlich lässt sich dieses Gefühl nicht auf eine Tageszeit beschränken. Wenn es mich nachts befällt, muss ich es auch nachts ausleben. Brinda dankte es mir durch stundenlanges lautes, nächtliches Schmatzen.

Kurz und gut, dieses Gefühl der Verbundenheit zwischen Brinda und mir haben andere Rüden gefälligst zu respektieren, besonders in unserer gemeinsamen Wohnung. Damit ich nicht ausfallend werde, lässt meine menschliche Freundin schnell ein Mantram anstimmen. Übrigens liebe ich es, zur Belustigung aller mitzusingen bzw. laut und herzlich mitzujaulen, halte allerdings regelmäßig nur ein paar Takte durch, denn durch die beruhigende Vibration der Mantren liegen wir bald alle entspannt und meistens müde neben der Katze Chooti und genießen die den Raum erfüllende lichtvolle Energie. Chooti allerdings verzieht sich manchmal in andere Räumlichkeiten, denn die beim Meditieren entstehende Schwingung löst in ihr ein Gefühl des Unwohlseins aus. Hoch interessant und sehr genussvoll wird es für Mensch und Tier, wenn sich manchmal, während der Meditationen, Lichtwesen zeigen in Form von zumeist türkisen Energiekugeln. Diese sehen wir Tiere und auch die kleineren Kinder natürlich sofort, auch wenn sie sich nur feinstofflich zeigen. Mit hellseherischen und hellriechenden Gaben ausgestattet schauen wir beim Erscheinen der Kugeln alle in die gleiche Richtung: alle Köpfe gleichzeitig nach links, alle Augen nach oben, alle Nasen nach unten u.s.w., je nachdem wie das Lichtwesen sich bewegt, was unsere zweibeinigen Freunde immer recht belustigend finden.

Beim Singen der Mantren und Ausströmen der Heilenergien entschwebe ich oft in Träume der wundersamsten Art, fühle mich allem Körperlichen enthoben und mit dem gesamten Umfeld zutiefst verbunden. Keine Spur mehr von Rangeleien oder Eifersucht. Abschlecken könnte ich in diesem Zustand meine vermeintlichen Konkurrenten. Wenn dieser Zustand doch nur ewig andauern könnte!

Ich liebe es auch, spirituellen Geschichten zu lauschen oder Gesprächen mit spirituellen Inhalten zu folgen. Sie rufen in mir ein vertrautes Gefühl der wiedergefundenen Heimat, des Ursprungs aller Wesenheiten hervor. Auch die anderen am Meditationstreffen teilnehmenden Tiere freuen sich sehr, wenn wir etwas Spirituelles vorgelesen bekommen, auch wenn es vielleicht so aussehen mag, als ob wir schnell einschliefen. Beim Vorlesen derartiger Texte ist die Atmosphäre um uns herum so lichtvoll und harmonisch, dass wir nicht alles und jedes verstehen müssen. Die hellen Worte klingen inwendig und auswendig um uns herum und strahlen Sicherheit, Beruhigung und wohltuende Wärme aus, die wir noch am nächsten Tag verspüren. Zudem finden solche wohltuenden Worte – auch während des Schlafes – einen sicheren Platz in unserem Unterbewusstsein und bieten uns in Zeiten der Not unbewusst die gerade dann so nötige Zuversicht und Ruhe.

Meine Reinkarnationen

Warum ich als Tier inkarnierte

Weniger genussvoll, doch interessant finde ich es, bei Reinkarnationssitzungen, die meine Geliebte leitet, anwesend zu sein. Dabei passierte es einige Male, dass ich selbst völlig unversehens und unbeabsichtigt während der Einleitung der Rückführung in ein früheres Dasein glitt.

Während dieses ehemaligen Erdenwandels befand ich mich als geistig und spirituell hoch stehende, männliche Persönlichkeit in Griechenland, wo ich eine Schar religiös ausgerichteter Menschen um mich herum zu Gebeten und Heilmeditationen anleitete. Jedermann zollte mir Respekt. Am Anfang meines Tuns dort verhielt ich mich durchaus demütig und bescheiden, forderte die Anhänger unseres Glaubens auf, Dankgebete nicht an mich, sondern an Gott weiterzuleiten und wehrte überhaupt jede Gunstbezeugung der Devotees ab, die nur allzu gern mich, ein scheinbar materielles Wesen, als ihren Gott angebetet hätten, anstatt eine rein geistige Kraft. Manche übten sich auch darin, gleichermaßen die geistige Wesenheit und mich zu verherrlichen. Ich lehrte sie als Werkzeug Gottes eine einigermaßen spirituell ausgerichtete Lebensweise, vollzog Heilungszeremonien, ernährte mich vegan, also gewaltfrei und natürlich und predigte Nächstenliebe, selbstverständlich all unseren Nächsten, den sechs-, vier-, zweibeinigen und fußlosen Leuten gegenüber. Irgendwann im Laufe dieses Lebens fiel es mir zunehmend schwerer, mich bescheiden zu verhalten. Die Gunstbezeugungen der Anhängerschar schmeichelten mir zusehends. Ich wurde bequemer, und allmählich hatte mein zwar inzwischen unbeachtetes, jedoch angeborenes Ego mich wieder im Griff. Die innere Ruhe, die Ausgeglichenheit, der innere Frieden schwanden zugunsten von Unruhe und Nervosität. Probleme und Sorgen, die meine Anhänger betrafen, hätte ich an Gott weiterleiten sollen. Ich aber meinte nun, diese selbst lösen zu müssen, um der Anerkennung der Devotees würdig zu sein. Das überforderte mich zuweilen, die Unruhe stieg, und ein Teufelskreis nahm seinen Anfang. Anstatt mich nun gütig, liebevoll und hilfsbereit, wohlwollend und großzügig zu zeigen, wie es meine Aufgabe in diesem Spiel gewesen wäre, wurde ich vielen Geschehnissen gegenüber gleichgültig. Die Liebe wandelte sich in Abgestumpftheit. So ließ ich es eines Tages zu, dass einer meiner Landsleute in meiner Gegenwart und der meiner Anhängerschaft ein hilfloses Tier, ein Huhn quälte. Ich hörte seine Hilfeschreie, spürte seine Not, tat aber nichts, um dem Elend ein Ende zu bereiten. Erst ein Devotee nahm sich des Huhnes an, belehrte den Tierschänder eines Besseren und betete für dessen Einsicht.

Von da an sank meine Gunst bei den Anhängern, denn dass ich nicht mehr vorlebte, was ich predigte, hatte ich allen bewiesen. Bald darauf starb ich und wurde in der Folge als Tier reinkarniert, das unter dem Egoismus und dem Machtdenken geistig kleinkarierter und unwissender Menschen zu leiden hatte. Meine jetzige Inkarnation scheint, so will es meine menschliche Lebensgefährtin erfahren haben, die dritte und letzte als Tier zu sein.

Meine Geliebte erklärte mir, dass allerdings absolut nicht jedes leidende, auf der Erde weilende Tier vorher ein Mensch war. Brinda und Chooti hatten auch viel Unangenehmes in ihrer lieblosen Kindheit zu ertragen, sind aber bisher, soweit es unsere Lichtfreunde bestätigten, nie als menschliches Wesen hier auf Erden in Erscheinung getreten.

Die geistigen Freunde vermittelten uns, dass wir Tiere zwar eine gewisse Form von Karma abtragen, die aber dem Karma eines rational ausgeprägten Menschen absolut nicht gleich zu setzen sei. Nur in äußerst seltenen und extremen Fällen wird ein Mensch als Tier wiedergeboren. Ansonsten gilt im Allgemeinen die Regel, dass wir uns vom Mineral, über die Pflanze zum Tier und in der Folge zum Menschen hin entwickeln, was keine Höherstufung bedeutet und keine Bewertung beinhaltet. Je mehr wir Kreaturen uns in Menschenrichtung bewegen, uns vom Verstandesdenken leiten lassen, umso deutlicher laufen wir Gefahr, uns vom eigentlichen Ursprung, vom raum- und zeitlosen Wesentlichen, von der allmächtigen, allliebenden, allhörenden, allsehenden und allfühlenden Kraft, der wir alle angehören, zu entfernen.

In meinem persönlichen Fall passierte das ja dann auch. Ich erreichte damals eine hohe spirituelle Stufe, auf der ich mein Leben der Liebe weihte und auf der mir dieser eben erwähnte Fehltritt nicht hätte passieren dürfen.

Nun bin ich als Tier der ursprünglichen, echten, ehrlichen Geistigkeit wieder viel näher, als zuvor in meiner Bestimmung als Mensch, in der mich vieles, der Verstand, das Ego, Arbeit und Pflichten vom Eigentlichen, von der Vergeistigung ablenkte.

Manchmal werde ich gefragt, warum gerade ich in Kreta befreit wurde und bei meiner Allerliebsten blieb, warum nicht auch andere Tiere überall auf der Erde hätten von anderen befreit und gerettet werden können. Die Unergründlichkeiten der großen Allmacht würde ich wohl gern begreifen, ich bin allerdings natürlich dazu nicht in der Lage.

Selbstverständlich war ich selig, als man mich von diesem Elend erlöste, von der Kette befreite. Rein theoretisch hätte ich auch durch den Tod Rettung finden können, obwohl es in meinem Fall sicher noch recht lange gedauert hätte und – aufgrund der Spielregeln dieser Bauern – sehr qualvoll geworden wäre. Unter Rettung verstehen viele Menschen oft die materielle Hilfe. Strahlen meine Geliebte und ich für Hilfesuchende, unter Mitwirkung der geistigen Führung, Gebete und liebende Gedanken aus, geschieht es durchaus zuweilen, dass diese von „vermeintlichen" Schmerzen oder Krankheiten befreit werden, indem sie für Angehörige und Ärzte unerwartet schnell die Illusion des Übels loslassen und in einen anderen helleren, reineren Bewusstseinszustand gleiten, wo diese unerwünschten Zustände nicht existieren. Dieser Bewusstseinszustand mag sich infolge einer Bewusstseinsveränderung vollziehen, die eine „scheinbare" Gesundung des irdischen Körpers nach sich zieht, oder dieser Zustand findet in rein ätherischen Gefilden statt, das heißt, der materielle Körper wird von der Seele verlassen. Auch in diesem Fall findet eine Erlösung, eine Rettung und Befreiung statt.

Meine Entführung aus diesem Grauen hatte für die beiden Frauen einen rein karmischen Vorteil. Vielleicht waren sie nicht meine Rettung, sondern ich die ihre. Sie durften sich glücklich schätzen, ein „armes" Tier zu treffen, dessen Schicksal ihnen die Gelegenheit bot, eine so genannte „gute" Tat auszuführen. Dadurch sammelten sie, locker gesprochen, im großen Schicksalsbuch Pluspunkte.

Ein weiterer Grund gerade für meine Befreiung ist, dass ich im tiefsten Inneren immer, aufgrund meiner ehemaligen Inkarnationen, sowohl als Tier als auch als Mensch, voller Zuversicht war und bin. Ich wusste ohne jede Spur von Zweifel, dass ich in Zeiten der höchsten Not beschützt bin und gerettet werde. Deshalb betone ich wiederholt die Bedeutsamkeit der spirituellen Förderung, nicht nur des Menschen, sondern auch des Tieres. Anerlerntes, verstandesmäßiges Wissen und materielle Güter nimmt niemand nach seinem Ableben von der Erde mit in die folgenden Daseinsformen. Die Erfahrungen und Erlebnisse, die die Seele – gleich welcher Kreatur – im Bereich der Spiritualität durchläuft, werden in ihr gespeichert und sind unbewusst oder bewusst in den nächsten Leben abrufbar. Tiere, die die Erlebenswissenschaft Spiritualität bewusst erfahren durften, gleich in welcher Lebensform und zu welchen Zeiten, greifen intuitiv oder beabsichtigt darauf zurück und stellen sich ihre Erlösung bildlich mit positiven, hoffnungsstarken Emotionen vor. Jeder weiß heute, meint meine Freundin, dass deutliches Visionieren bereits mindestens die Hälfte des erträumten Erfolges ausmacht. Um bei meinem Fall zu bleiben, ich stellte mir durchaus sehr deutlich und gefühlsträchtig vor, von der Kette befreit zu werden. Ferner träumte ich von Liebe. Jede Pflanze und jedes Insekt träumt den gleichen Traum. Wissen Sie eigentlich, wie intensiv das Gefühlsleben einer Ameise aussieht? Sie werden über deren Liebesfähigkeit staunen. Nehmen Sie einmal mit einer solchen Kreatur Kontakt auf, so wie meine Freundin oder einige ihrer Freunde mit ihren Lebensgefährten tierischerseits kommunizieren. Mit ein wenig Übung und Konzentration von beiden Seiten wird es für Sie, liebe Leserschaft, ein interessantes Ereignis. Ein Rat: Sprechen Sie bitte immer mit dem Anführer der Ameisenschar, nicht mit dem gesamten Rudel, denn sonst reden alle durcheinander, und Sie verstehen natürlich kein Wort. Das meine ich halbernst.

Jahre bevor meine Geliebte mit Hunden, Katzen, Pferden etc. kommunizierte, bekam sie Kontakt zu diversen kleineren Tieren wie zum Beispiel Wespen, Mücken oder Fliegen und Schnecken. Sie erzählt fasziniert von deren Emotionen. Sie liest uns manchmal Berichte über Ratten und Insekten vor, die in Indien bei den Jainas eigens Tempel geweiht bekommen, in denen nur sie leben, um sich ganz der Heiligkeit des Göttlichen, des Geistes hinzugeben. Diese Geschöpfe verfügen im Allgemeinen über Eigenschaften wie eine enorme Zuversicht, fast beispielloses, kindliches Vertrauen in eine schöpferische Ordnung, Humor, Intelligenz, Fantasie und stark ausgeprägtes Wunschdenken. Sie sind oft von zarten, lieblichen Auras umgeben und um zum Thema zurück zu finden: Sie alle ersehnen Liebe, die sie in Partnern, Rudeln, Sippschaften suchen und mehr oder weniger zeitweilig finden. Was sie jedoch in Wirklichkeit alle im tiefsten verborgenen Inneren herbeiwünschen, ist die unpersönliche geistige Liebe, die sie eigentlich selbst darstellen und aus deren Urquell sie bzw. wir alle entstammen.

So erträumte natürlich auch ich die Liebe, die Zärtlichkeit und Rücksicht anderer Artgenossen, die Zuwendung von Menschen, wie ich sie zuweilen durch Kinder erfuhr, als ich selbst noch ein Baby war. Damals erträumte ich unbewusst die Liebe zur großen, allliebenden Schöpferkraft, wie ich sie in meinem der Spiritualität geweihten Leben als Mensch erfuhr. Das heißt, ich übte starkes, konzentriertes, emotional unterlegtes Wunschdenken aus und zog damit Hilfe und auch Liebe an, die ich nun sowohl persönlich von meinen Lebensgefährten als auch unpersönlich, während meiner Meditationen deutlich wahrnehmbar, von den lichten Freunden und der schöpferischen Allmacht erfahre.

Ein weiterer Grund, warum gerade mich meine Liebste holte und bei sich behielt, ist unser gemeinsames Karma. Meine Geliebte pflegt oft zu denken: „Das einzig Schöne an diesen ewigen Wiedergeburten ist, dass man die, die man einst liebte, immer wieder findet, gleich wo sie sich auf der Erdkugel aufhalten. Dafür lohnt es sich allezeit unter Schmerzen erneut Zähne zu bekommen, nur damit diese später schließlich wieder ausfallen, in die Schule zu müssen, Kinder zu gebären, Liebeskummer zu bewältigen, Krankheiten, Verrat, Betrug, Kriege, Mord, Totschlag und sonstige Katastrophen zu ertragen. So musste ich die Reise nach Kreta antreten, weil mir von meinen hohen Lichtfreunden eine große, wichtige Liebe an diesem Ort angekündigt wurde, die mich sehr neugierig machte, mein Schätzchen, und die du bist. Welch ein prächtiger Gewinn für mein Leben! Gott sei Dank bist du mir zugeführt worden, und zum Glück warst du kein Mann!" Sie hatte nämlich bereits einen, der einen zweiten im Haus sicher nicht geduldet hätte. Eigenartigerweise ist nicht jeder so tolerant wie ich. Aber genug der Selbstbeweihräucherung.

🐐 🐐 🐐

Sympathie auf den ersten Blick

In der Begegnung auf Kreta, während meines damaligen Lebens, erkannte ich übrigens auch meine zweibeinige Lebensgefährtin wieder, die ich schon damals innigst liebte und mit der ich eine spirituelle Gemeinschaft, übrigens auch auf Kreta, teilte.

Somit ist das beidseitige Gefühl des Wiedererkennes und der Seelenverwandtschaft am Strand dieser Insel zu erklären. Es war die so genannte Liebe auf den ersten Blick.

Wir trafen uns überdies, um einen weiteren karmischen Grund zu nennen, weil wir uns gegenseitig unterstützen sollten. Denn bereits damals bestand unsere Lebensaufgabe darin, unsere okkulten

Fähigkeiten und Fertigkeiten zum Wohle der hilflosen, unterdrückten und ausgebeuteten Tierwelt einzusetzen. Wir frönen also dem Luxus, uns als bereits früher gegenseitig liebende Kreaturen wiedergefunden zu haben, und das schon ehemals starke Gefühl der Zuneigung erneut durch gemeinsame spirituelle Übungen vertiefen zu dürfen. Dazu gehört auch das vorliegende Büchlein, das meine Freundin quasi als Medium für mich bzw. in meinem Sinne und meinem Wunsch entsprechend schreibt, weil es für die Menschen, zu ihrem eigenen Nutzen und dem der Mitgeschöpfe, an der Zeit ist, sich der ausgeprägten Spiritualität der Tiere bewusst zu werden, diese weiterhin zu fördern und eine Brücke zu schlagen zu ihrer eigenen Vergeistigung. Sich am Tier als Vorbild zu orientieren, gereichte den Menschen nie zum Nachteil, nehmen wir als wenige Beispiele: Die Intelligenz der Spinnen, die Sensibilität der Schweine, die Treue und Vergebungsfähigkeit der Hunde, die maßlose Zuversicht und das unermessliche Vertrauen in die große Allmacht, die die Hummeln beweisen, die trotzdem fliegen, obwohl ihre Körper irdischen Gesetzen zufolge viel zu schwer sind, um ihr Gewicht zu tragen, die Ausdauer und das konzentrierte Wunschdenken der Katze und die unendliche, maßlose, dienende Liebesfähigkeit der Kamele, deren Auras fast immer und überall die Liebesfarben Gold und Rosa aufweisen. Außerdem ernähren sich alle besonders starken, ausdauernden und wenig müden Tiere vegetarisch bzw. vegan. Abgesehen von den o.g. Attributen, an denen die Menschen sich ein Beispiel nehmen könnten, wäre es für sie ein Gewinn, etwas von den Werten der Tiere wie Reinheit, Klarheit, Güte und unendlicher, selbstloser Liebe anzunehmen. Auch wäre es gut, sie würden sich geistig mit ihnen verbinden, gleich wie es für die Tiere wegen ihrer evolutionären Entwicklung nicht unwichtig ist, die Verbindung zum Menschen zu suchen. Meinen Sie nicht auch, dass wir Erdenwesen, Mensch und Tier, Pflanze und Mineral eine alles einschließende Gemeinschaft der Schöpfung zu unser aller Wohlbefinden leben sollten?

Aber zurück zu dem Phänomen Sympathie oder Antipathie auf den ersten Blick. Während einer anderen Meditation als der oben beschriebenen konzentrierte ich mich eher zufällig, weil sie so eng an mich geschmiegt da lag und etwas schnarchte, auf meine liebste Brinda und glitt unversehens wieder in ein menschliches Leben, in dem ich sie tatsächlich wieder erkannte. Sie begleitete auch damals als ein Hund mein Dasein treu und liebevoll und wurde von mir sehr geehrt und geliebt.

Auch für sie empfand ich sofort, als ich sie zum ersten Mal traf, ein starkes Gefühl der Sympathie, der engen Verbundenheit und tiefen Vertrautheit, Gefühle, die ich absolut nicht jedem Vierbeiner gegenüber hege. Als meine Liebste vor Jahren Brinda aus ihrer misslichen Lage befreite, einigten wir uns gemeinsam, dass dieses Wesen bei uns leben könne. Obwohl Brinda meine zweibeinige Freundin sehr eifersüchtig vereinnahmt und ständig versucht, mich von ihr fort zu schieben, verübele ich es ihr nie. Ich weiß nicht, wie ich einem anderen Hund gegenüber, dem ich nicht soviel Sympathie entgegen brächte, bei solcher Gelegenheit reagieren würde.

Soweit meine menschliche Freundin in Erfahrung brachte, waren auch Chooti und ich irgendwann vor langer Zeit während mehrerer Leben beide als Tiere miteinander bekannt, ja wir bildeten sogar manchmal eine beidseitig liebende Lebensgemeinschaft. Also auch diese Liebe fand ich im jetzigen Dasein wieder. So ist wahrscheinlich Chootis vertrauensvolle und rührende Freude zu erklären, die sie mir beim ersten Treffen entgegen brachte.

🐕 🐕 🐕

Der Verlust einer Freundin

Trauerarbeit

Sehr plötzlich und für mich recht unerwartet erkrankte Brinda im Alter von dreizehn Jahren schwer und schmerzhaft. Ich fühlte mich schlecht in ihrer Gegenwart, obwohl ich nicht genau verstand, was mit ihr passierte. Aber ich spürte sehr genau, dass etwas nicht stimmte, denn meine Geliebte betete sehr häufig für Brinda. Meine vierbeinige, schöne Freundin lief sehr schlecht und aß wenig. Wahrscheinlich wollte ich nicht wahrhaben, wie es um sie stand. Waren Freunde anwesend, strahlten auch diese für die kleine Hündin Gedanken der Heilung aus, denen ich mich manchmal anschloss, während sie Brinda streichelten, die die zusätzlichen Zuneigungsbeweise sehr genoss und danach sichtlich weniger Schmerzen hatte. Die menschlichen Freunde meiner Liebsten und meine Zweibeinige selbst wussten, wie sehr ich an Brinda hing und wollten unnötigen Kummer von mir fern halten. Also vermieden sie in meiner Gegenwart, über Brindas „scheinbare" Probleme zu sprechen.

Anscheinend halfen die Meditationen aber nicht, Brindas körperliches Leben zu erhalten. Ihre Erdenzeit war abgelaufen, was meine Geliebte bereits von ihren geistigen Freunden erfahren hatte. Sie kam eines Tages mit Brindas leblosem, kaltem und noch weichem Körperchen vom Tierarzt nach Hause und erklärte mir weinend: „Mein Schätzchen, ich habe unsere kleine, liebe Brinda einschläfern lassen. Es ist viel besser so für sie. Der Tierarzt, die Lichtwesen, ihre geistige Führung und Brinda selbst rieten mir dazu. Sie wäre nicht mehr gesund geworden. Sie war ziemlich alt und litt sehr unter ihren Schmerzen. Es war Zeit für sie, in die andere Dimension zu gehen. Ich sprach mit ihr, nahm Abschied, bedankte mich für die wunderbare Zeit, die sie mit uns verbrachte und hielt sie selbstverständlich im Arm als sie die Spritze bekam. Wir alle sandten ihr den lebendigen Einfluss unserer liebenden Gedanken und tauchten sie ins kosmische Licht, sodass sie schnell den Weg zu ihrem Ursprung, zur lichtvollen allmächtigen Schöpferkraft fand. Ich sah ihre Seele sofort dankbar und erleichtert in helle feinstoffliche Sphären gleiten, denn sie wurde durch unsere Gebete und Gedanken ja gründlich darauf vorbereitet. Bitte, sei nicht so traurig, es geht ihr doch besser jetzt. Wir müssen versuchen dankbar zu sein, dass wir überhaupt mit diesem Sonnenschein leben durften." Ich übermittelte ihr Gedanken der abgrundtiefen Traurigkeit und sah mich beim Tierarzt mit Brinda zusammen. „Liebchen, ich wusste nicht, ob ich dich mitnehmen sollte. Es tut mir so Leid, wenn ich es falsch gemacht habe, aber ich glaubte, es wäre zu schmerzhaft für dich, beim Prozess des Einschläferns deiner geliebten Freundin zugegen zu sein", erwiderte sie blass und mit trauriger Stimme. Mich traf Brindas Tod wie ein harter Donnerschlag. Ich spürte eiserne Verwirrung und eiskalte Leere in mir. Mir war es eigentlich auch egal, ob ich bei Brindas Ableben zugegen gewesen war oder nicht. Was zählte, war ihr Tod, ihr nicht mehr da sein für mich und um mich herum. Ich war so hilflos und unermesslich traurig. Keiner konnte mir helfen, denn ich kapselte mich völlig ab. Brindas Beerdigung feierten meine Liebste, ihre irdischen Freunde und ich mit Gebeten, Kerzen und Gesängen. Meine geliebte Brinda lebt nun augenscheinlich in einer hellen, lichtvollen, liebevollen Jenseitswelt, in die sie sofort nach der körperlichen Erlösung entschwebte, wie ich während einer kurzen Meditation mit meiner ebenso traurigen Geliebten erfuhr. Einen Tag später erschien uns Brinda wieder fast grobstofflich, indem sie meine Freundin ableckte und später einige Minuten ausgelassen mit mir spielte. War das eine Freude! Wir konnten sie fühlen und riechen wie immer zuvor. Solch ein Glück! Danach verschwand sie wieder in ihre neue Sphäre. Wir besuchten sie dort einmal kurz, verabschiedeten uns noch einmal gebührend, fühlten uns aber trotz des Wissens, dass sie von körperlichen Gebrechen befreit und glücklich war, selbst nicht zufrieden. Welch ein Verlust! Ein grauenvoller, unerträglicher Schmerz befiel mich.

Die Ebene, auf der Brinda weilte, war von herrlichem, weichem Licht erfüllt. Sie befand sich in Gesellschaft ihres Schutzgeistes, der sie liebevoll in diese so angenehme und harmonische Welt einführte und uns bat, in nächster Zeit keinen weiteren Kontakt mit ihr aufzunehmen, damit sie sich ungehindert dort weiter entwickeln könne. Unsere Traurigkeit hätte sie zu sehr belastet, was uns natürlich selbst bewusst war. „Lass uns ihr zuversichtliche, liebevolle Gedanken senden in der Gewissheit, dass es ihr dort sehr gut geht", sagte meine Freundin und erklärte weiter: „Möge sie dort glücklich sein, spielen, schmusen, Liebe erfahren und sich mit Hilfe der sie umgebenden Kräfte allmählich auf die nächste Inkarnation vorbereiten. Weißt du, ich habe erfahren, dass Brindas Seele sich aussuchen kann, ob sie noch einmal bei uns leben möchte oder bei anderen seelenverwandten Menschen und Tieren, die sie bereits aus anderen Zeiten kennt. Jedenfalls wird sie in der nächsten Inkarnation wieder als Tier geboren. Und in irgendeiner folgenden Wiedergeburt oder auf einer jenseitigen Ebene wirst du sie wieder treffen."

Aber diese Worte, die mich trösten sollten, interessierten mich nur wenig. Ich sandte ihr liebende Gedanken, freute mich, dass es meiner Kleinen dort so sehr gefiel, bekam aber tatsächlich keinen

Kontakt zu ihr. Das bewies, dass sie sich nicht mehr in einem Zwischenstadium aufhielt, in dem Verstorbene sich gewöhnlich noch eine Weile befinden, sondern sie weilte bereits auf einer höheren, lichteren und ätherischeren Ebene, wo sie beschützt wurde vor der dichten, irdenen Schwingung, auf die sie unweigerlich hätte Bezug nehmen müssen. Warum sollte ich sie auch damit belasten?

Für mich war es eine dennoch harte Zeit. Mehrere Wochen aß ich schlecht, bewegte mich kaum und ließ lange Zeit meinen Kopf hängen. Meine Trauer mag Sie, liebe LeserInnen, erstaunen, denn schließlich wirke ich auf viele Menschen, aufgrund meiner spirituellen Erlebnisse, Erfahrungen und Erkenntnisse, recht weise. Dennoch, vergleichen Sie mich bitte nicht mit Ihresgleichen, als denkendes, gebildetes, verstandesmäßiges Wesen. Ich bin als Tier ein intensiv fühlendes und außerordentlich empfindendes, sensitives Geschöpf, das lebt, um zu lieben und um geliebt zu werden.

Ich liebte und liebe Brinda nun einmal. Tröstende Worte und kluge Gedankengänge konnten mich nicht erreichen. Mir half allerdings ein wenig die mich ablenkende gemeinsame, spirituelle Arbeit mit meiner Freundin. Es ist doch immer wieder ein Genuss in lichten, ätherischen Gefilden zu weilen. Dennoch sehnte ich mich so sehr nach Brinda! Ich hätte so gern ihren weichen, wohlriechenden Körper in meiner Nähe verspürt. Alles Fühlen der Gewissheit, dass wir uns irgendwann oder irgendwo auf einer anderen Ebene oder in einem anderen Leben wieder treffen werden, heiterte mich nicht sonderlich auf.

Inzwischen geht es mir wieder besser, und ich lebe eigentlich wie zuvor, obwohl ich noch immer ihren kleinen, kecken und quirligen Körper vermisse, ihren unverwechselbaren Geruch und ihr langes, weißes Haar, neben dem ich so gern kuschelte. Ich sehne mich nach ihrer ungeteilten Bewunderung beim Aushecken meiner Streiche. Es ist so langweilig, ohne Brinda den Inhalt des Abfalleimers auf wertvollen Teppichen zu zerfleddern, oder im Wald nach herrlich duftendem Aas zu suchen.

Teil III

(niedergeschrieben im Jahr 2000)

Aus lichten Sphären

Reise in das Liebesreich des Lichts

Meine Freundin hängte schon vor vielen Jahren zu unserem Schutz über unsere Schlafkörbe ein großes Porträtfoto eines indischen Avatars mit orangenem Gewand und weichem Blick, den sie kennt, dem sie wundersame Erfahrungen verdankt und den sie sehr verehrt. Ich hatte immer das Gefühl, dass mir diese Gestalt vor Jahren, als ich gerade in Deutschland ankam und vor Schreck vor dem angreifenden Schäferhund weglief, den Weg zu helfenden Menschen gewiesen hatte.

Eines Abends meinte ich, aus diesem gerahmten Bild eine Art Stimme zu hören, die mich rief. Ich fühlte mich so sehr zu diesem mit äußerst liebevoller Schwingung behafteten Foto hingezogen, dass ich es mir intensiv anschaute, die Ohren spitzte, meinen Kopf erst auf die linke, dann bedächtig auf die rechte Seite drehte, einige Schritte näher trat, es mir noch genauer von nahem anschaute, um es schließlich spontan abzulecken. Es fühlte sich weich und menschlich an. Je mehr ich es innigst abschleckte, umso mehr schien die so anbetungswürdige Person auf dem Bild zu lächeln, ja ich hörte sie förmlich lachen. Dann kletterte ich ins Bett meiner dort gerade meditierenden Liebsten und der dort schnurrenden, an sie gelehnten Chooti, kuschelte mich an die beiden so geliebten Wesen, glitt wie so oft sanft in ihre Gedanken, ihren Geist, fühlte, dass sie mich annahmen, dass wir zu einem Gedanken und einem Fühlen miteinander verschmolzen. Wir wurden gewahr, dass uns an diesem Abend und während dieser geistigen Reise etwas Besonderes erwarten würde.

Ich spürte wie wir drei gemeinsam in lichte Sphären glitten, uns einem zeitlosen Gefühl der Ruhe und Harmonie hingaben, das gleichzeitig eine Art angespannter Erwartung in sich barg. Schließlich nahmen wir sanfte Farben wahr, badeten uns im Gefühl der gegenseitigen Zuneigung und der absoluten Gewissheit, dass unsere ernste, tiefe Zuneigung zueinander niemals enden wird.

Dankbarkeit erfüllte mich, diese Wesen gefunden zu haben, unendliche Dankbarkeit, meine Bestimmung leben zu dürfen, im großen See der Gefühle zu schwimmen, zu lieben und gleichermaßen Liebe erfahren zu dürfen. Überströmendes Glück und helle Heiterkeit bemächtigten sich meiner.

Eine bekannte Schwingung nahm ich dann unerwartet um uns herum wahr. Es war eine quirlige, lachende Energie, aus der Brindas mir zu Lebzeiten gekannte und geliebte Form weich aus warmem Licht auftauchte und sodann ganz zärtlich ihre Seelenströme mit den meinen verband. Solch eine Wonne! Welch eine übermäßige, unerwartete Freude mich erfüllte!

Brinda, meine geliebte Brinda
durfte ich in dieser Sphäre, im Reich des Lichts wiedertreffen.
Wundersame,
kaum in irdische Worte zu kleidende
Gefühle bemächtigten sich meiner:
Nimmer endende Fröhlichkeit

ohne jeglichen Anfang
wog sich
seidenschimmernd
in sehnsuchtsvoller Erwartung
einer erneuten
Woge berauschender Glückseligkeit
– der Liebe –
entgegen.
Brinda und ich
ineinander und voneinander
durchdrungen
im lichten Reich,
in dem wir uns alle gemeinsam mit meiner Chooti und meiner
Allerliebsten auf dieser zeitlosen Seinsebene befanden, die uns
ein zauberhaftes Schauspiel der herrlichsten Art bot, in dem wir
untrennbar voneinander
ein- und aufgingen.
Wir genossen das verzaubernde Spiel des Lichts auf dieser
himmlischen Ebene:
Die vielen Farben
der von göttlicher
Liebe
gezeugten Lichter
spannten einen Regenbogen
von gleißendem Weiß,
beglückendem Sonnengelb,
heilsamem Zartgrün,
kosmisch strahlendem Blau,
warmem Orange eines Sonnenuntergangs
bis hinein in ein leuchtendes Violett.
Wunderbarer Ursprung,

anbetungswürdiges,
verheißungsvolles Sein,
in dem uns gewährt wurde,
unsere Seelen ineinander aufzulösen,
um miteinander zu verschmelzen.

Wir spürten die
reine Liebe
des in sich selbst
Ruhenden,
der die göttliche Wahrheit,
das All,
der gesamte Kosmos
entspringt.
Nie ruhende
und doch
friedenspendende
Liebe
erfüllte uns
und alle
nicht existierende Zeit
sowie
jede Idee
des illusorischen Raumes.
Wir schwebten in ihr,
im Nichts,
empfanden uns als
Nichts
und dennoch
gleichermaßen verbunden
in Herzenswärme

als das
wahre und einzige Sein.

Unpersönliche Liebe
verströmte sich maßlos,
glitt feierlich an uns vorüber,
verbreitete wohltuende Düfte ungeahnter Seligkeit,
durchdrang
behutsam alles und ein Jedes,
umschlang inbrünstig
jede allerhabene Zelle,
liebkoste
sanft und zärtlich
jedes
geheiligte Atom
dieses glanzvollen,
immerwährenden Reiches.

Zwischen geometrisch geformten
zweidimensionalen Lichtblumen,
deren vornehmste Aufgabe darin bestand,
ob ihrer
atemberaubenden Schönheit
tiefe Freude
und
überirdische Ruhe
zu verleihen,
tollten sich
in spielerischer, anmutiger Weise
dreidimensionale leuchtende Lichtkugeln,
die sich selbst und anderen

Freude bereitende Aufgaben
übernahmen.

Neblige Wolken aus Liebeslicht schwebten majestätisch und
voll kosmischer Harmonie über uns hinweg, während sie uns in
einen Zustand von Vollendung, der uns melancholisch berührte,
versetzten. Ich spürte, dass auch meine beiden Lebens- und meine kosmischen Reisegefährten sich in einer bestimmten Erwartung
etwas anspannten. Einerseits aalten wir uns in Gefühlen der Wärme, des Vertrauens zueinander, in den uns umgebenden Lichtwesen, im Wogen kosmischer Liebe, andererseits bedrückte uns ein
Gefühl der Traurigkeit, dem wir uns stellen mussten. Wir fühlten,
dass wir uns ganz tief und liebevoll ineinander versenken sollten
in diesem Meer des Lichtes, der Farben und Empfindungen, Gott
und uns gegenseitig danken müssten für unser Dasein in dieser so
bezaubernden Dimension des Geistes, uns und dem kraftvollen
Licht danken sollten dafür, dass wir voneinander lernen und uns
lieben durften.

Das ungewisse Gefühl der Melancholie wich allmählich, als wir

glanzvolle, kegelartige
gold leuchtende
Lichtgestalten erblickten,
die überströmten vor
Güte
und allem Irdischen
entrückter perlender
Geisteswonne.

Aus deren Mitte
materialisierte
sich sodann
eine Wärme ausstrahlende,
wunderschöne,
orangefarbene Gestalt,
die mir ihre Hände hinhielt,
unermessliche Güte,
schimmernden Glanz
und unendliche
Zuversicht
offenbarte.
Als sie mich liebevoll in ihre Arme nahm,
glitt ich sanft in ihre liebende, weiche Seele,
in der ich mich unversehens verlor,
um mich
selig
aufzulösen.

So kehrten meine beiden liebsten Freundinnen ohne mich von dieser letzten gemeinsamen Meditationsreise zurück, bei der sie mich so fürsorglich begleiteten. Ich entschlief sehr sanft während enger körperlicher und spiritueller Verbundenheit mit meinen geliebten Lebensgefährten im Alter von vierzehn Jahren.

🐈 🐈 🐈

Empfinden und Erleben, das spirituelle Plus der Tiere

Nunmehr kommuniziere ich mit meiner Freundin nach wie vor in gedanklicher Weise, jedoch aus sehr hellen, wundersamen Gefilden, die ich mir dermaßen ekstatisch zu Lebzeiten nicht hätte vorstellen können.

Brinda befindet sich in einer anderen lichtvollen Sphäre, die ihrem Entwicklungsstand entspricht und in der sie sich sehr behütet und glücklich fühlt.

Meine Allerliebste fühlt sich zuweilen nicht in der Lage, meine Gefühle und Empfindungen in Worte zu kleiden, weil für die Beschreibung derartiger Seelenzustände kaum menschliches Vokabular zur Verfügung steht. Meine und ihre Welt sind, was die äußeren und inneren Sichtweisen und Empfindungen angeht, aufgrund der unterschiedlichen Seinsebenen, der unterschiedlichen Stofflichkeit sehr verschieden. Wirklich Geistiges kann nur im Empfinden und im Erleben richtig aufgefasst und aufgenommen werden. Mit irdischem Verstandessuchen allein kann nicht das Mystische, Überdauernde gefunden werden, weil der irdische Verstand an die grobstoffliche Materie gebunden ist. Um in spirituelle Erkenntnis und geistiges Erleben eindringen zu können, wird der Verstand nicht benötigt, ja er müsste sogar kläglich versagen, weil alles, was über die Grobstofflichkeit hinausgeht, von ihm nicht erfasst und wahrgenommen werden kann. Deshalb ist es für Tiere, die viel weniger rational veranlagt sind als Menschen, viel natürlicher und leichter, die Spiritualität zu erfahren und zu leben.

Der Verstand ist dem Menschen nur gegeben als Werkzeug für die grobstoffliche Erde. So verbleibt alles, was Menschen erschaffen, letztendlich im irdischen materiellen Bereich. Der Verstand ist nicht in der Lage, etwas wirklich geistig Weiterwirkendes, die grobstoffliche Materie Überdauerndes zu schaffen.

Wenn nun ein Erdenwesen, ob Mensch oder Tier, während der Meditation oder nach dem Tod in die feinstoffliche Welt hinübertritt, so bleibt der Verstand mit der grobstofflichen Materie zurück. Als Geistwesen gibt es kein Verstandesdenken mehr, denn in der feinstofflichen geistigen Welt ist alles nur Empfinden und Erleben. Deshalb fühlen Tiere sich in dieser Welt so wohl und so sehr zu Hause, denn Tiere fühlen und empfinden viel mehr, als dass sie rational denken und handeln. Aus diesem Grund könnten sich viele Menschen an der Spiritualität, der Vergeistigung und der meist edlen Gesinnung der Tiere ein Beispiel nehmen.

Es ist förderlich und wünschenswert für Tiere, an der Spiritualität des Menschen teilhaben zu dürfen und ein Unding, dass diese Geschöpfe aus Kirchen ausgeschlossen werden, denn Christus wurde nicht umsonst neben Ochsen, Schafen, Hühnern und Ziegen geboren. Er kommunizierte mit den Tieren, predigte Gewaltlosigkeit der gesamten Schöpfung gegenüber ebenso wie viele andere in die Geschichte eingegangene Berühmtheiten, er ernährte sich vegan und wiederholte stetig: „Was Ihr den Geringsten der meinen getan habt, habt Ihr mir getan." In manchen, jedoch noch sehr wenigen Kirchengemeinden setzt es sich inzwischen durch, dass Messen oder Gottesdienste mit Tieren zusammen gefeiert werden.

Würden solche oder ähnliche Veranstaltungen in Gotteshäusern oder im eigenen häuslichen Bereich regelmäßig abgehalten, würde das die Spiritualität des Tieres fördern. Sie würde sich auf sein Verhalten in seinem irdischen Dasein auswirken, aber auch einen beachtlichen Fortschritt in der nach dem Erdenleben folgenden feinstofflichen Sphäre ermöglichen.

Ich befinde mich hier, liebe Leser, auf einer Lichtebene unter vielen Lichtfreunden, die in früheren Zeiten gleichwohl als Menschen und auch als Tiere inkarnierten und eine ähnliche Entwicklung wie ich aufgrund des Gesetzes der Gleichheit durchleben. Der Begriff von Zeit und Raum wird und wurde von mir in den vorangegangenen Kapiteln verwendet, obwohl er hier nicht existiert, doch die Nichtexistenz desselben kann von erdgebundenen Wesen nicht erkannt und erfasst werden.

Würden die Menschen ihren Verstand mit ihrer Herzensbildung, ihren Gefühlen und Empfindungen lenken, wünschten sie sich und anderen Reines und Selbstloses, so wäre es ihnen eher möglich, in eine lichte, freie und leichte Sphäre zu anderen Gleichgesinnten zu gelangen, so wie es den meisten Tieren schnell und wie selbstverständlich möglich ist.

Zur Stofflichkeit lassen Sie mich, liebe Leserschaft, noch einige Gedanken äußern. Das Dichteste in der Stofflichkeit ist die grobstoffliche irdische Welt in der Schöpfung. Der Übergang in die feinstoffliche Schöpfung ist dem Irdischen im Sinne der Dichtheit noch sehr nahe, während die direkte feinstoffliche Welt mit all ihren vielen Entitäten aus einer wesentlich geringeren Dichtheit und Schwere besteht. Jedes Feinstoffliche kann problemlos das Grobstoffliche durchdringen, während es für das Grobstoffliche völlig unmöglich ist – dem Gesetz der Gleichheit zufolge – in das Feinstoffliche hinüberzutreten. So muss jedes Erdenwesen beim Übergang in die feinstofflichen Sphären das Materielle zurücklassen. Es ist also für Erdenkinder nur rein geistig möglich in feinstoffliche Welten zu gleiten. Dem Gesetz der Gleichheit zufolge ziehen reine, edle, selbstlose und unpersönlich liebende Seelen, wie sie im Menschenreich durchaus vereinzelt vorkommen können, jedoch im Tierreich sehr häufig zu finden sind, lichte, helle, feinstoffliche Wesenheiten an. Deshalb werden auf Erden die negativen, mental verdunkelten, finsteren Wesen, dank ihrer dichten

Schwere, die dem irdisch Materiellen viel näher stehen, als die lichten, leichten Feinstofflichen so selbstverständlich wahrgenommen, denn sie befinden sich auf Erden völlig in ihrem Element. Ein reines, lichtes Wesen kann also nur Zutritt haben, in der Nähe verweilen und Verbindung halten, wenn ein Erdengeschöpf eine saubere, lichtvolle, strahlende Schwingung oder Aura um sich aufweist, also in gewisser Weise wieder eine Art Gleichheit geschaffen wird.

Aus meinen Ausführungen folgt, dass es für spirituelle Menschen eine wichtige Aufgabe darstellen könnte, nicht nur für die eigenen Tiergefährten, sondern für das gesamte Tierreich zu beten, es unaufhörlich ins Licht zu stellen und es mit Gedanken der Liebe zu durchdringen. So zieht das Tierreich, das noch nie zuvor so sehr unter Vivisektion, Folter und qualvollen Schlächtereien nach sinnlosen und grausamen Todestransporten zu leiden hatte wie momentan, lichtvollen Schutz an, der sich sowohl auf Erden als auch besonders in jenseitigen Dimensionen zum Vorteil der Tierseelen auswirkt.

Vergessen Sie dabei bitte nicht, auch den Geist der Menschen durch Ihre lichtvollen Fürbitten zu erleuchten, denn schließlich haben und hatten die Tiere ihr unermessliches Leid immer den materiell ausgerichteten, egobezogenen, geistig vernebelten, grob verdichteten Menschen zu verdanken, die Tötungen ausführten oder zuließen, um sich an den in unaufhaltsamer Verwesung begriffenen, aasähnlichen Leichenteilen ihrer Mitwesen genüsslich zu vergehen. Vielleicht mutet meine Ausdrucksweise grausam an, dennoch sprechen die Tatsachen für sich, und Grausamkeit war seit jeher ein probates Mittel, das Interesse der Welt zu wecken.

Verurteilen Sie sich und andere Menschenkreaturen nicht. Lassen Sie sich und anderen gegenüber Liebe walten, denn nicht durch

Schuldzuweisungen werden jedwede Kreaturen auf eine höhere Bewusstseinsstufe gehoben, sondern indem sie sich der Befriedigung des Geistes, der unendlichen Fürsorge und Liebe der großen kosmischen Allmacht bewusst werden. Wenn der verdunkelte Sinn der Erdenwesen von Licht, Zufriedenheit und Harmonie durchstrahlt wird, verschwindet die unnatürliche kannibalistische Begierde nach dem toten Fleisch ihrer seelenvollen Mitgeschöpfe. Unnatürlich, weil zum Beispiel Zähne und Darm des Menschen denselben als ursprünglichen Fruchtesser ausweisen.

In dem Maße, wie der Mensch sein inneres Gleichgewicht, Ruhe und Frieden findet und von mitfühlender Liebe beseelt ist, wird sich diese Haltung proportional zunächst auf die eigenen Haustiere und später auf die so genannten wilden Tiere übertragen, das heißt, dass auch deren Seelen im Laufe der Zeiten bei erneuten Inkarnationen sich zu Pflanzen- oder Fruchtessern entwickeln werden.

Lassen Sie uns also den gesamten Erdball imaginativ als hellen, lichtdurchfluteten und von Liebe erfüllten Planeten zum Wohle aller darauf weilenden sowohl grobstofflichen, sichtbaren, als auch feinstofflichen Kreaturen wahrnehmen.

So verschieden die unterschiedlichen sowohl grob- als auch feinstofflichen Ebenen sein mögen, und so unterschiedlich die Welten sind, in denen wir Kreaturen aller Arten uns im Laufe unzähliger Lebensformen treffen und wieder trennen: Das heilige, unantastbare Band der Liebe wird uns allezeit miteinander verbinden, wo immer wir uns auch aufhalten mögen.

Mit diesen tröstenden Worten möchte ich meine Ausführungen beenden und bedanke mich bei meiner geliebten, schreibenden Freundin für ihre Zuneigung und Geduld, die sie während des Zusammenlebens und der Kommunikation mit mir zu meinen Lebzeiten aufbrachte, so wie ich Liebe und Geduld gleichermaßen ihr gegenüber walten lasse, während sie meinen Gedanken aus sehr feinstofflichen Sphären lauscht, um sie niederzuschreiben. Auch dafür danke ich ihr sehr.

Teil IV

Arthealing oder Angewandtes ethisches Bewusstseinsdesign

„Weltanschauung als Intuition" proklamierte bereits der Schrift-steller, Geistes- und Naturwissenschaftler Rudolf Steiner. Die Künst-lerin Gudrun Weerasinghe folgt der Prämisse und verflechtet in ihren Bildern die mystische Auffassung meditativ erfahrbarer Transzen-denz mit einem sozialutopischen pazifistischen Glauben an ein grund-legend harmonisches Dasein von Natur und Lebewesen ... Zur Nähe-rung an die Werke solle der Betrachter nicht den Verstand benutzen, betont sie, sondern sein Gefühl. Ihr Ziel sei, die Harmonie in der Welt wieder spürbar zu machen, über das Unterbewusstsein das Po-sitive im Menschen zu verstärken ...

Das stufenweise Einfühlen in die Botschaft der Bilder resultiert somit in der Entwicklung „höherer" seelischer Fähigkeiten. Wohl-überlegt rufen sowohl die lichten und warmen Farben ein positives, optimistisches Lebensgefühl im Betrachter hervor, als auch die in die Bilder implantierten Energieströme. Die kraterartigen Farb-landschaften sind mit Perlen und Blattgold verziert und strahlen eine ungezügelte Energie aus. Analog zu Steiner und Joseph Beuys sind Wärme und Energie ihre Lebensbotschaften ebenso wie die Nutz-barmachung der Heilkräfte der Natur.

Perlen, Gold und Silber drücken angesichts einer zerbrechlichen, unsicheren Welt außerordentliche Schönheit und Dauer nahezu wie ein magisches, fast göttliches Gut aus. Die Perle, im Osten wie im Westen hochgeschätzt, symbolisiert den Mond, Unschuld, Geduld und Reinheit. Chinesische Drachen werden üblicherweise abgebildet, wie sie eine Perle umklammern: eine Metapher für Weisheit, Unsterblichkeit und Licht. Gleichsam ist das hochwertige Gold eng verknüpft mit der Sonne, Spenderin von Licht, Feuer und Leben. Dieser Glanz und diese Vollkommenheit sind Sinnbilder einer Welt, die mit dem täglichen Leben nur wenig gemein hat. Gudrun Weerasinghe verkörpert eine andere Ebene, eine Ebene, auf der alle Kreaturen in Eintracht miteinander leben. Durch Hellsehen, Hellhören und Hellfühlen ist diese Welt jedoch erfahrbar.

Ein farbig fließendes Gesamtbild öffnet sich, eine unmittelbare bildhafte Umsetzung des gesprochenen Wortes. „Gudrun Weerasinghes Werke sind der Versuch, Gedanken eine bildhafte Form zu geben und charakterisieren Zwischenstufen von theosophisch-symbolistischen Bildzeichen und kosmischer Abstraktion." (Meister bildender Künste", Band 4, Arte Factum Verlag, Nürnberg, 2001, Seiten 206/207)

Als Tierschützerin und Tierkommunikatorin erfuhr Gudrun Weerasinghe 1998, dass ein pervertierter österreichischer „Aktionskünstler" von einer fragwürdigen Jury in Deutschland zum Künstler des Jahres ernannt wurde, nachdem er auf einer Bühne öffentlich sechs Tage lang Kühe und andere Tiere zu Opernmusik folterte, bis sie endlich durch Tod erlöst wurden. Dies war für sie der Anlass, den Begriff „Arthealing – Angewandtes, ethisches Bewusstseinsdesign" zu schaffen. Die von ihr entwickelte Stilrichtung *Arthealing* beschreibt das dialektische Verständnis ihrer Kunst: Heilung durch Kunst und Heilung der Kunst, gleichsam als Spiegelung ihrer kritischen Meinung gegenüber bestimmten Tendenzen zeitgenössischer Kunst.

Die in ihre Werke implantierten psychisch-mentalen Eigenschaften strahlen mehr aus, als die üblicherweise angewandte Farb- und Formgebung auszuströmen in der Lage wäre. So könnte ein düsteres, graues Bild mit „hängenden" Formen dank der gezielt eingegebenen Informationen dennoch helle, lichte Lebensfreude aussenden. Unterschiedliche Informationen befinden sich in jeweils verschiedenen Werken.

So strahlt zum Beispiel ein Bild „Lebensfreude" aus, während ein anderes „Bewusstseinserweiterung", „Blockadebefreiung", „Unpersönliche Liebe", „Toleranz" oder weitere Attribute ausströmt.

Wenn jemand von den Qualitäten der Bilder profitieren möchte, rät Gudrun Weerasinghe, nicht nur die Augen zu öffnen, um die Wirkungen und Wellen von Farben und Formen, die ja nur die Reflektionen dessen sind, was das Licht beeinflusst, oberflächlich aufzunehmen, sondern gleichermaßen die Seele, wie jedes Tier es automatisch tun würde, um die *in* die Werke *implantierte Lichtkraft* zu erkennen. Sie empfiehlt, den Eindruck der lichten Ausstrahlungskraft mit geschlossenen Augen auf sich oder das Tier wirken zu lassen und dabei die passende energetische Eigenschaft des Bildes zu genießen. Man sollte experimentieren und versuchen – unabhängig von der Farb- oder Formgebung – herauszufinden, bei welchem psychisch-geistigen Attribut man selbst bzw. das Mitgeschöpf sich besonders wohl fühlt. Wer sich mit einem Arthealing-Werk *seiner* Wahl befasst oder gar mit einer Arthealing-Arbeit lebt, die die Eigenschaften ausstrahlt, die gerade *er* besonders nötig hat, kommt nicht umhin, eine angenehme *energetische* Veränderung an sich wahrzunehmen. Besonders Kinder und die im Allgemeinen sehr sensitiven Tiere reagieren auf bestimmte Informationen in Arthealing-Werken sehr positiv.

Gudrun Weerasinghe gehört zu den besonderen Erscheinungen der Gegenwart ... Als Kennerin der Lehre von Rudolf Steiner ist sie heute, an der Schwelle zum dritten Jahrtausend, eine Künstlerin, die gleichermaßen kognitiv wie auch emotional eingebunden, ihre Arbeiten in sich entstehen lässt. Der Satz Steiners in *Mein Lebensgang*, kurz vor dessen Tod 1925 niedergeschrieben, kann als Prämisse zum Werk von Gudrun Weerasinghe gelten:

Mir schwebte vor, wie die Jahrhundertwende ein neues geistiges Licht der Menschheit bringen müsse. Es schien mir, dass die Abgeschlossenheit des menschlichen Denkens und Wollens vom Geiste einen Höhepunkt erreicht hätte.

„In der Steinerschen Weltauffassung verflechten sich der Glaube an Übersinnliches und daraus folgende meditative Erfahrungen mit einer Erneuerung der Ganzheitlichkeit des Individuums. Bekannte Künstler wie Kandinsky, Maryon, Lauer und Beuys wirkten im Sinne dieser Lehre und haben Epochales geschaffen." (Kunst Aktuell, Seite 22/23, Juni 1998)

Die positive Darstellung der Arthealing-Bilder, die eher expressiv ist, zeigt in den früheren, konkreten Werken demzufolge auch nie irdisch leidende Pflanzen oder Tiere. In diesen Bildern schweben Mensch, Tier, Mineral und Pflanze im Gleichklang miteinander, in den früheren Arbeiten in gegenständlicher Darstellungsweise, heute zunehmend abstrakt. Feen, Natur- und Schutzbefohlene, Engel, Tiere, Pflanzen und Mineralien bevölkern ihre Bilder. Bemerkenswert ist, dass immer wieder Lichtkreaturen oder andere Geschöpfe in Gudrun Weerasinghes Malerei auftauchen, die schützend über einem Tier oder einer Pflanze schweben. Ihr innerer Protest gegen die barbarische Tierhaltung zur Fleischmast beispielsweise drückte sich bereits früher bewusst positiv aus in Bildern wie „Jenseitssphäre der Tiere", „Schutzgeist der Enten", „Rückkehr des Embryo" oder „Das erlöste Schwein bewundert die geistige Welt". Ihre Ehrfurcht vor allem Leben durchzog seit jeher ihre gesamten Arbeiten. Gudrun Weerasinghes Botschaft zielte schon früh darauf ab, das Positive im Menschen zu mobilisieren, ohne dabei natürlich zeitgenössische, politische und kritische Themen zu ignorieren. Nie zeigte sie leidende Geschöpfe, Not und Elend, denn ihrer Meinung nach wird durch das reine Stellen einer Diagnose, durch das Aufzeigen von negativen Istzuständen nichts geheilt oder verbessert, sondern vielmehr das Negative und Gewalttätige im Unterbewusstsein des Betrachters verstärkt, an dem unsere Gesellschaft krankt.

„Die heutigen abstrakten Werke von Gudrun Weerasinghe, die einen Teil ihres Lebens im Ausland, darunter im Herzen Afrikas, in Liberia und in Sri Lanka, verbracht hat, sind ebenso fächerübergreifend wie die frühen Arbeiten. Sie umfassen die Domänen von Kunst und Wissenschaft, die soziale Frage, Medizin und Pädagogik, Landwirtschaft und Ernährung, die Erforschung des Mineralischen wie der Pflanzenwelt, der Seele und des Kosmos." (Meister bildender Künste", Band 4, Arte Factum Verlag, Nürnberg, 2001, Seiten 206/207) Ihr gesamtes künstlerisches, schriftstellerisches und mediales Streben ist durchaus als Politikum zu verstehen, spätestens, seitdem in Deutschland die Tierschutzpartei ins Leben gerufen wurde und erst recht seit dem BSE-Skandal als Ausdruck des totalen Verlustes jeglicher Sensibilität gegenüber Tier- und Umwelt.

Ein für andere sichtbares Resultat ihrer Auslandsaufenthalte und ihrer Kenntnis der Gebräuche und Mythen der dortigen Menschen ist ihre Ehrfurcht vor allem Leben, sodass sie Vegetarierin wurde und sich für Gequälte, Missbrauchte und Unterdrückte vehement einsetzt. Um die Betrachter ihrer Bilder auf die Seelenhaftigkeit, auf das sensible Bewusstsein und die Gleichwertigkeit von Insekten und von abgewerteten so genannten „Ekeltieren" aufmerksam zu machen, vergibt sie Werktitel wie „Heilige Schnecke", „Verliebte Heuschrecke" oder „Die Ratte, dem liebenden Licht entgegenstrebend". Während des Übergangs von den früheren bis hin zu den heutigen Werken wandeln sich in den Bildern von Gudrun Weerasinghe die Stilelemente vom vordergründigen Abbild mit kritischen Bildthemen zum *„Arthealing"*, in dem ihre Werke „ein Wesen bei ihrer Schöpfung empfangen. Sie beinhalten metaphysische Schwingungen, die auf den Betrachter einwirken können, seine Stimmung beeinflussen, ändern ..." (Kunst Aktuell, Seite 22, Juni 1998)

In ihrem urheberrechtlich geschützten Werk „Arthealing" implantiert Gudrun Weerasinghe demnach weit mehr als nur Farben und Formen, Fragmente, Collagen unterschiedlichster Materialien, Kristalle und Metalle, die ein Gesamtwerk für die sinnliche und übersinnliche Wahrnehmung ergeben. Ihre Arbeiten werden in erstrangigen, internationalen Galerien gezeigt. Regierungsempfänge finden zugunsten ihrer Kunst statt. Wie in diesem Buch beschrieben, legt sie Wert darauf, dass auch Tiere ihre Ausstellungen besuchen, um den Besuchern einen Bewusstseinsanstoß bezüglich der Wertigkeit der Gattung Tier zu geben, getreu ihrer provokanten Maxime:

„Tiere existieren nicht, um der Kunst zu dienen, sondern die Kunst existiert, um auch den Tieren zu dienen."

In einer brutal materialisierten und abgestumpften Gesellschaft, in der ein Verantwortungsbewusstsein für Tier und Umwelt kaum noch auszumachen ist, stellt die Botschaft dieses Buches trotz oder gerade wegen der individuellen Sicht der Autorin einen erfreulichen Lichtblick und Hoffnungsschimmer dar.

Prof. Dr. G. Schmitt

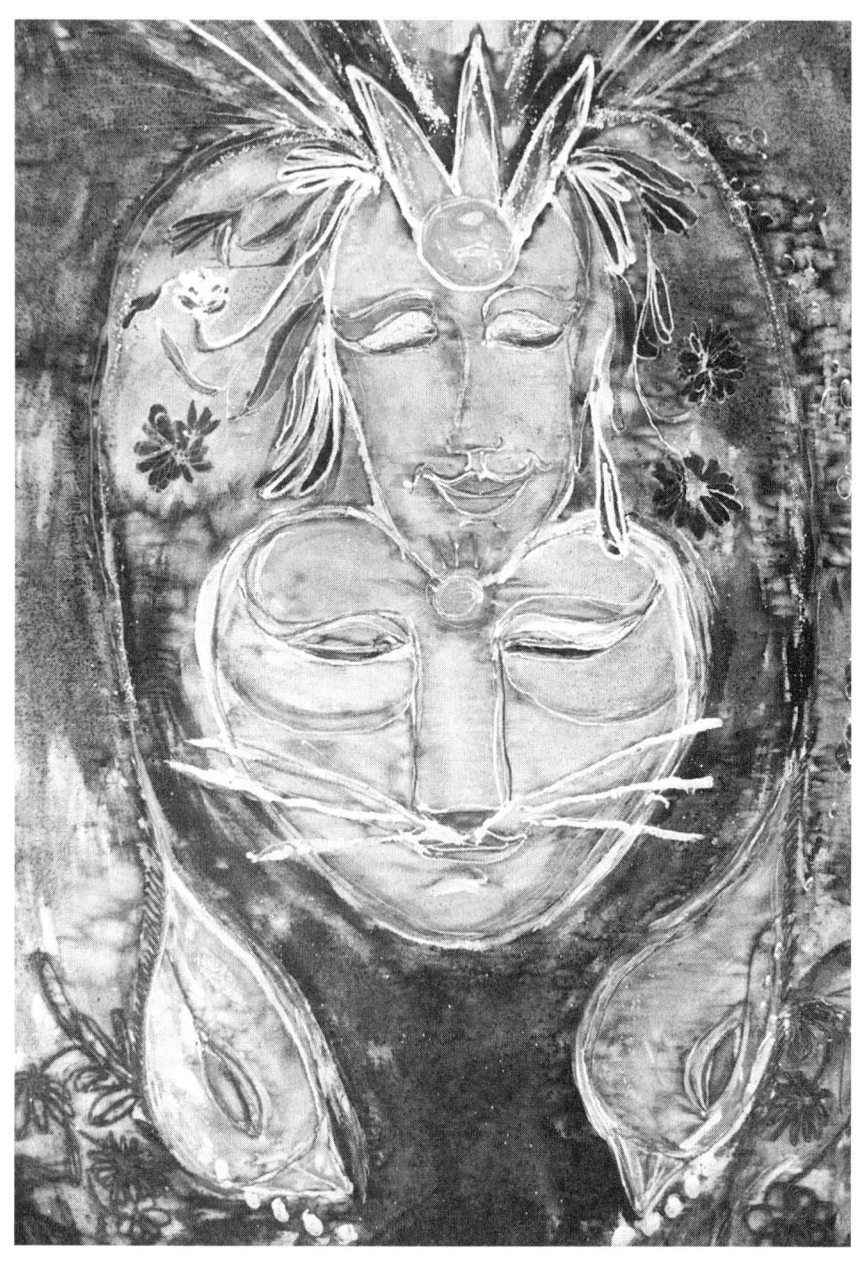

„Engel der Katze", Kunstseide aus Tierschutzgründen, 1987

„Allerheiligkeit" Acryl auf Leinwand (Mensch, Tier, Pflanze und Mineral bilden eine Einheit), 1988

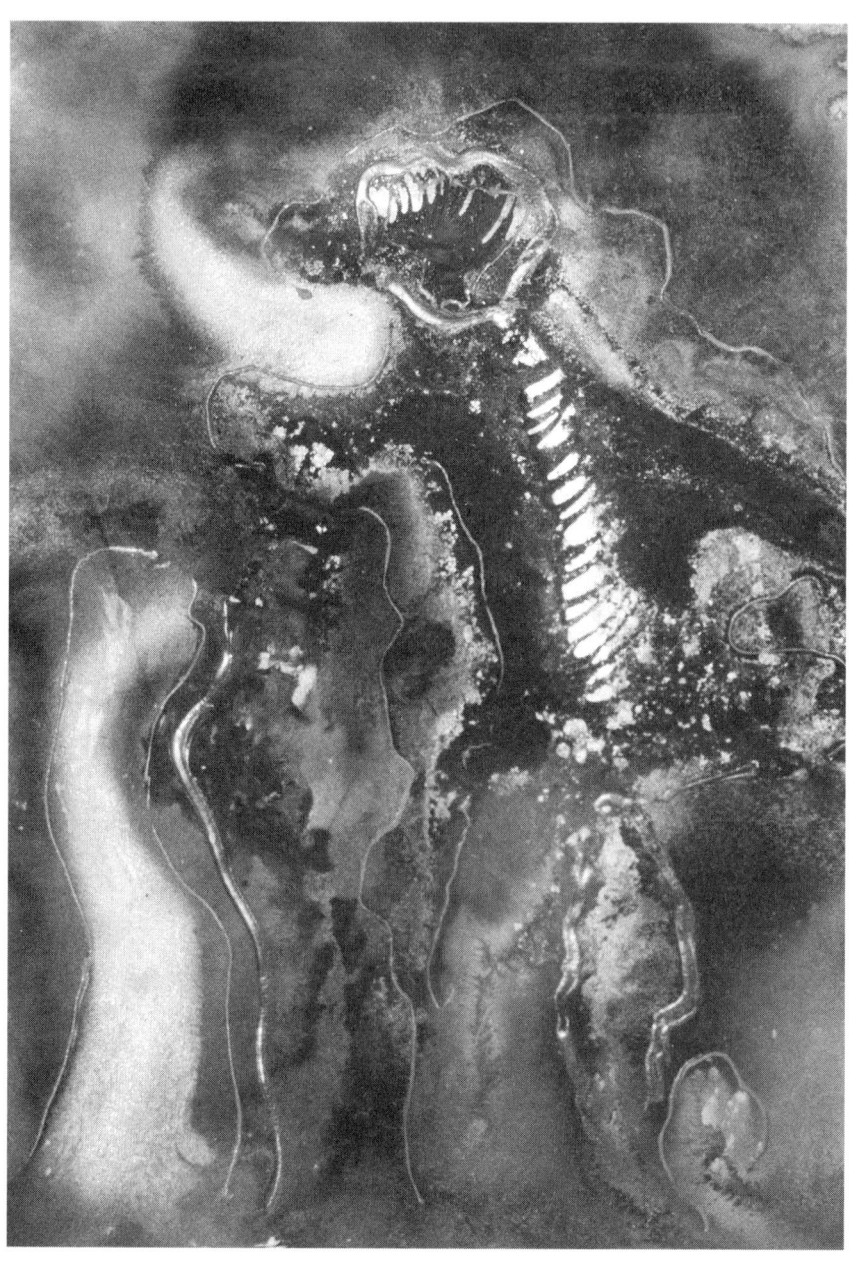

„Bär mit Schlange", 2001

Über die Autorin

 Gudrun Weerasinghe absolvierte in Essen ein Kunst- und Designstudium und wurde durch internationale Kunstausstellungen, durch Buchveröffentlichungen und Fernsehauftritte bekannt. Sie entwickelte den Kunststil „Arthealing" – angewandtes, ethisches Bewusstseinsdesign – und machte sich zudem als Channeling-Medium und Seminarleiterin in der New Age Szene einen Namen. In ihrer Eigenschaft als Medium bzw. auch als Tierkommunikatorin verhilft sie zum besseren Verständnis und zum harmonischeren Miteinander zwischen Menschen und Tieren. Seit ihrer frühen Jugend ist sie in der Lage, Tiere telepathisch zu kontaktieren. Tierfreunde aus allen Erdteilen berät sie zum Wohle ihrer tierischen Mitgeschöpfe.

K o n t a k t :

Gudrun Weerasinghe

P.O. Box 40057

Abu Dhabi

Vereinigte Arabische Emirate

www.tierkommunikation.net

Harold Sharp
Auch Tiere überleben den Tod

Das bekannte hellsichtige Medium H. Sharp erzählt seine Erlebnisse mit »verstorbenen« Tieren und führt somit den Beweis, dass auch Tiere den Tod überleben und sich aus der jenseitigen Welt ihren irdischen Freunden bemerkbar machen oder sogar zeigen können.

ISBN 3-923781-52-0
92 Seiten, broschiert
€ [D] 8,90 / sFr 16,50

Gary Kowalski
Dein Tier – eine empfindsame Seele

Warum singen Vögel? Sind sich Tiere des Todes bewusst? Können Tiere lieben? Der Autor hilft, das Rätsel der Spiritualität unserer Tiere zu lösen. Tiere sind keine seelenlosen Objekte ohne Gefühl und Intellekt, sondern fühlende und teils denkende Wesen. Dieses Buches Stimme gibt uns Kraft, auch auszusprechen, was wir insgeheim denken – dass Tiere auch ihre menschlichen Gefährten lieben können, dass sie Kummer und Freude kennen, dass sie spielen wollen und schöpferisch sind. Das Buch beweist, dass Tiere Individuen sind, wie wir Menschen. Ein wichtiges Buch für jeden, der sich bewusst ist, dass unsere Welt für alle Wesen, die in ihr leben, erträglicher werden muss.

ISBN 3-923781-74-1
128 Seiten, broschiert
€ [D] 4,90 / sFr 9,10

Christiane Rackuff
Die kleine Blätterfee
Märchen von Mut und Wandlung

„Jedes Blatt wird eine Fee". So singt es die Amsel, wenn die Sonne frühmorgens die Vogelnester mit ihren ersten Strahlen umfängt, so flüstert es der Wind, der zwischen Gräsern und Blumen weht. Die Botschaft des Märchens heißt Mut zur Veränderung und mit dem Herzen geben, um das eigene Leben und das Leben aller anderen Wesen zum Guten zu lenken.

ISBN 3-923781-77-6
40 Seiten, gebunden
9 Farbbilder
€ [D] 10,90 / sFr 19,70

Ted Andrews

Zauber des Feenreichs

Begegnung mit Naturgeistern

Mit ein wenig Geduld und Ausdauer lernen Sie die Gegenwart von Feen, Elfen, Devas und anderen Naturgeistern zu spüren und wahrzunehmen. Öffnen Sie Ihr Herz und Ihre Sinne diesen nicht auf den ersten Blick sichtbaren Bereichen des Lebens und seinen Quellen und wecken Sie die Ihnen angeborenen Fähigkeiten, das Leben in seiner ganzen Fülle zu leben.
Ein Handbuch mit praktischen Anleitungen, Meditationen und Übungen in der Natur für die Arbeit mit dem Unsichtbaren.
Ein Werk voller Zauber über eine faszinierende Welt, die greifbar vor uns liegt, und die es nur zu entdecken gilt!

ISBN 3-931652-30-0
256 Seiten, broschiert
€ [D] 15,90 / sFr 27,40

Wladimir Lindenberg

Tiere offenbaren mir ihre Seele

Wenn die Kirche behauptet, Tiere hätten keine Seele, dann werden die LeserInnen dieses Buches eines Besseren belehrt. Der Dichter und Arzt Wladimir Lindenberg, der Zeit seines Lebens eine sehr enge Beziehung zu Tieren gehabt hat, erzählt von seinen Begegnungen mit seinen Freunden aus dem Tierreich, die ihm Einblick in ihre Seele gewährt haben.

ISBN 3-923781-87-3
64 Seiten, broschiert
€ [D] 4,90 / sFr 9,10

Gerda Scheer-Krüger

Die Falterprinzessin

Dieses Märchen von der „Prinzessin vom schimmernden Schloss" für Kinder und Erwachsene, das Elisabeth Kübler-Ross ganz besonders zur Herausgabe empfahl, handelt von der Liebe, dem Sinn des Lebens und der Transformation der Seele. Genauer gesagt: Um den Sterblichen von den Wundern des Lebens nach dem Tod zu erzählen, wird die Prinzessin als Raupe geboren. Ein Prinz rettet sie vor einer gefräßigen Spinne und kümmert sich liebevoll um sie, bis aus ihr ein wunderschöner Schmetterling wird. Zum Dank verspricht ihm die Prinzessin Herz und Hand und ein Wiedersehen nach dem Tod. Eine lichte Parabel, um den Menschen die Liebe und das Glücklichsein nahe zu bringen.

ISBN 3-923781-23-7
32 Seiten, gebunden
11 farbige Aquarelle
€ [D] 8,90 / sFr 16,50

Isabella Monti

Ein himmlischer Dialog

Eine neugierige Seele spricht mit Gott über unsere Welt

Eine kleine Seele trifft Gott bei einem Spaziergang im Himmel. Zwischen den beiden beginnt ein »himmlischer« Dialog – über Liebe und Angst, Schuld und Unschuld, über Freude und Leid, Krankheit und Tod, über Religion und den Sinn unseres Erdendaseins. Und Gott antwortet geduldig auf alle Fragen, einfach und klar. Das Büchlein ist für Jung und Alt, für (Noch-) Pessimisten, Optimisten und Realisten, für Gläubige und Ungläubige – und ganz besonders für Sie bestimmt. Die Geschichte ist ein wertvoller Wegweiser, der Mut machen und neue Perspektiven eröffnen kann.

ISBN 3-89845-013-9
64 Seiten, gebunden
€ [D] 9,90 / sFr 18,10

Liane Franzani

Herzenswünsche und Herzen der Heilung

Liane Franzani, die schon mit ihren Delphin-Affirmationen ein Spiel von großer Inspiration vorgelegt hatte, hat ein Spiel geschaffen, das gleich auf zweifache Weise dem Anwender helfen kann, ein glücklicher und »reicher« Mensch zu werden.

ISBN 3-89845-038-4
120 Karten in Falts., Kartenf.: 6,9 x 6,9 cm
€ [D] 12,90 / sFr 24,70

Alle Karten sind mit Herzen in den Farben der Chakren illustriert, wodurch man diese Farben in sich aufnehmen und auf den ganzen Körper wirken lassen kann. Mit den anderen Karten wählt man einen Herzenswunsch, der einen durch den Tag geleitet. Dieses wunderschöne Kartenspiel wirkt wie ein Bumerang. Es dauert nur wenige Minuten und eine positive Veränderung wird möglich.

Sigrid Mahnke

Das kleine Zamperl

Geschenke für die Seele aus dem Reich der Natur

Das kleine Zamperl, ein Abgesandter des Pan, tritt immer dann in Erscheinung, wenn es uns in einer Sackgasse sieht – und das kann öfter sein als wir wahrhaben wollen. Meist braucht es nur einen kleinen Stupser oder einfach eine Berührung in der Seele ...

ISBN 3-89845-078-3
72 Karten mit Begleitbuch
€ [D] 13,90 / sFr 25,10